Was Macht ausmacht

Walter R. Kaiser

Was Macht ausmacht

oder: Das Macht-Paradox

**Bibliographische Information der Deutschen National-
bibliothek**
Die Deutsche Nationalbibliothek verzeichnet diese Publi-
kation in der Deutschen Nationalbibliografie; detaillierte
bibliographische Daten sind im Internet unter
http://dnb.b-nb.de abrufbar.

© 2017 Walter R. Kaiser
Titelfoto: © www.fotolia.com
Herstellung und Verlag
BoD - Books on Demand, Norderstedt

ISBN: 978-3-7448-3129-1

Inhaltsübersicht

Kurze Einführung

Macht ist wie ein Chamäleon. Sie verändert ihr Erscheinungsbild je nach Situation. Oft wird Macht gar nicht mehr erkannt. Wir hassen sie, wenn durch sie unsere Autonomie eingeschränkt wird. Wir lieben sie, wenn wir dadurch unsere Vorstellungen und Ziele durchsetzen können. Es ist dann meist eine heimliche Liebe. Kaum jemand bekennt, dass er nach Macht strebt.

Wir alle haben eine persönliche intuitive Vorstellung von Macht. Wenn es darum geht, sie genauer zu beschreiben, gehen die Meinungen auseinander. Selbst Psychologen und Soziologen sind sich nur darin einig, dass es keine von allen anerkannte Definition gibt.

Utopien von einer machtlosen Gesellschaft gab es immer schon. Wo jedoch Menschen miteinander leben, ist Macht nicht wegzudenken. Sie durchdringt alle Bereiche unseres Daseins. Doch was ist Macht?

Die folgenden Seiten sind eine Spurensuche nach dem, was Macht ausmacht und mit uns macht. Es werden viele Seiten dieses Phänomens beleuchtet. Der Blick wird geschärft. Wer nach Macht strebt, erkennt an vielen Stellen, was zu tun ist. Wer Machtbetroffener ist, durchschaut die Mechanismen schneller und besser.

Geschichten von der Macht

Ist Macht ein Energiefeld, wie es in den Science-Fiction-Filmen STAR WARS beschrieben wird? Warum bezwingt David den wesentlich stärkeren Goliath, obwohl man ihm keine Chancen eingeräumt wurden? Wie kommt das tapfere Schneiderlein zu einem halben Königreich und zur Königstochter als Frau, obwohl er sich überschätzt? Und warum sind sich Sex und Macht ähnlich und doch verschieden?

STAR WARS und die Macht

„*Möge die Macht mit Dir sein*", ist der Abschiedsgruß der Jedi-Ritter. Sie sind in der sehr erfolgreichen Science-Fiction- Filmserie die Guten. Die Bösen, das sind die Sith. Während die Jedi ihre Macht dazu verwenden, Wissen zu erwerben und Gutes zu tun, suchen die Sith die Macht um ihrer selbst willen. Wut, Hass und Aggression machen die Sith gefährlich und mächtig. Die Quelle, aus der sowohl die Jedi-Ritter als auch die Sith schöpfen, ist die gleiche: „Die Macht" („The Force"). Die Jedi sehen sich als Werkzeuge dieser Macht. Die Sith nutzen die Macht als Werkzeug für ihre eigennützigen Zwecke. Die dunkle und die helle Seite der Macht stehen in einem ständigen Kampf gegeneinander: Friede, Wissen, Hoffnung auf der einen Seite, Hass, Verdorbenheit und Angst auf der anderen. Die Macht ist verantwortlich für das Gleichgewicht zwischen Schöpfung und Zerstörung, Leben und Tod. Nicht immer herrscht ein Gleichgewicht. Es gibt Zeiten, in denen die dunkle Seite die Oberhand gewinnt, zu anderen Zeiten ist es die helle Seite.

Abb. 1: In den STAR WARS Filmen ist die Macht ein Energiefeld, zu dem berufene Personen Zugang haben. Die Macht kann für das Gute und das Böse verwendet werden. Die Jedi verkörpern das Gute, die Sith das Böse.

Macht ist in STAR WARS eine *„bindende und allgegenwärtige Kraft. Es ist ein Energiefeld, das alle Lebewesen umgibt und durchdringt und somit die Galaxis zusammenhält".*[1] Nur auserwählte Personen können mit der Macht Verbindung aufnehmen. Dazu ist eine bestimmte Anzahl Kontaktelemente nötig, sogenannter Midi-Chlorianer. Der Jedi Qui-Gon Jinn beschreibt sie so: *„Midi-Chlorianer sind eine mikroskopisch kleine Lebensform, die sich in allen lebenden Zellen befindet. Wir leben in*

---

[1] https://www.jedipedia.net/wiki/macht, Zugriff 7.9.2017

11

Symbiose mit ihnen. Ohne die Midi-Chlorianer könnte kein Leben existieren und wir hätten auch keine Kenntnis von der Macht." [2] Je mehr solche Midi-Chlorianer ein Lebewesen besitzt, desto stärker und mächtiger kann es werden. Der Durchschnittsmensch besitzt etwa 2.500 davon. Auserwählte kommen auf bis zu 20.000 dieser Midi-Chlorianer pro Zelle.

Damit wäre im Film geklärt, wie man mit der Macht kommuniziert und sie nutzen kann oder umgekehrt: wie die Macht mit den Menschen Verbindung aufnimmt. Midi-Chlorianer sind sozusagen die Funkstation, die auf der Machtfrequenz empfängt und sendet. Ungeklärt bleibt in den Filmepisoden aber dennoch, was Macht nun eigentlich ist. Man erkennt sie nur an den Wirkungen. Das eigentliche Wesen bleibt auch für die Jedi und Sith ein Mysterium. Die Fans der STAR WARS Serie stört das nicht. Das Geheimnisvolle der Macht, die sowohl das Gute als auch das Böse bewirken kann, trägt sicherlich zur Faszination dieser Serie bei.

Macht ist wie Sex – nur anders

Mit Macht ist es wie mit dem Sex: Man weiß, dass es ihn gibt und er praktiziert wird. Im Detail möchte man aber in der Öffentlichkeit besser darüber nicht reden. Beide haben noch mehr gemeinsam: In der Literatur, in Zeitschriften im Kino oder Fernsehen garantieren sie erhöh-

---

[2] Qui-Gon Jinn, Episode I

te Aufmerksamkeit. Mit Macht kann man Sex erzwingen. Sex kann in Beziehungen auch ein Machtmittel sein, um die andere Person gefügig zu machen oder zumindest Wohlverhalten zu erreichen.

Ein wesentlicher Unterschied besteht: Sex hat eine biologische Grenze, sowohl was die rasche Wiederholung des Sexualaktes betrifft als auch mit fortschreitendem Alter. Es gibt, wie die Verhaltensbiologen sagen, eine sogenannte Endhandlung. Darüber hinaus bleibt die Befriedigung aus. Das ist nicht so bei der Macht. Machtgelüste haben keine natürliche biologische Obergrenze. Macht ist eine nach oben offene Erscheinung. Von Macht kann man nicht genug bekommen. Sex ist für das biologische Überleben unserer Spezies unabdingbar. Macht ist für das soziale Überlegen menschlicher Gesellschaften ebenso unentbehrlich. Machtfreie Räume gibt es nicht.

Macht hat kein besonders gutes Image. Man denkt sofort an Gewalt, Herrschaft, Unterdrückung oder Manipulation. Macht wird verteufelt, jedoch zugleich heimlich bewundert. Nur wer Macht hat, kann seine Ideen und Vorstellungen auch verwirklichen. Es gibt unter den Soziologen keine für alle verbindliche Definition von Macht. In einem stimmen sie jedoch überein: Macht ist in allen zwischenmenschlichen und gesellschaftlichen Beziehungen vorhanden.

Eine Definition von Macht findet man fast in allen Publikationen zu diesem Thema. Sie stammt von dem Soziologen Max Weber. Sie lautet: *„Macht bedeutet jede Chance, innerhalb einer sozialen Beziehung den eigenen Willen auch gegen Widerstreben durchzusetzen, gleichviel worauf diese Chance beruht."*[3]

Aber wäre damit alles über Macht gesagt? Diese Definition ist sicherlich hilfreich. Sie deckt jedoch nicht alle Facetten des Machtbegriffes ab. Denn es gibt auch eine Macht, die gar nicht auf „Widerstreben" stößt, sondern auf scheinbar freiwillige Gefolgschaft. Denn wie sonst wäre es zu erklären, dass Personen freudig religiöse Rituale durchführen für einen Gott, dem sie noch nie persönlich begegnet sind und den es in den Augen von Atheisten gar nicht gibt?

Und wie ist es in engen persönlichen Partnerschaften oder der Ehe, wenn man freiwillig den Wünschen des anderen Partners entgegenkommt? Und fühlen wir uns „bemächtigt", wenn wir im Straßenverkehr mit dem Auto auf der rechten Seiten fahren? Gibt es vielleicht Machtquellen, die wir gar nicht mehr wahrnehmen und die dennoch unser Leben unentdeckt steuern oder zumindest wesentlich mitgestalten?

---

[3] Weber, M. (1922): Wirtschaft und Gesellschaft, § 16. Macht und Herrschaft

Macht in der Alltagssprache

Wir benutzen in alltäglichen Gesprächen sicherlich sehr oft den Begriff „Macht", alleine oder in seinen unzähligen Wortkombinationen wie: Allmacht, Marktmacht, Übermacht, Vollmacht, Vormacht, Atommacht, Besatzungsmacht, Großmacht, Schutzmacht, Seemacht, Gesetzesmacht, Polizeimacht; Machtergreifung, Machtmissbrauch, Machtwort, Machtmittel, Machtmonopol, Machtzentrum, Machtmensch. Und wir können Macht: ausüben, besitzen, ergreifen, erlangen, haben, übernehmen oder an die Macht kommen. Jemand ist: machtgeil, machtlos, machtvoll, machtversessen. „Macht" gehört also alleine oder in Wortkombinationen zu den oft gebrauchten Wörtern der Umgangssprache. Jeder glaubt zu wissen, was damit gemeint ist. Und wenn es schwierig wird, können wir ja immer noch im Internet nachlesen. Dort steht beispielsweise:

„Macht bezeichnet sozialwissenschaftlich einerseits die Fähigkeit einer Person oder Interessengruppe, auf das Verhalten und Denken einzelner Personen, sozialer Gruppen oder Bevölkerungsteile einzuwirken. Andererseits stellt eine Extremposition der Macht die Durchsetzungsfähigkeit dar, einseitig definierte Ziele zu erreichen, ohne sich selbst äußeren Ansprüchen gegenüber beteiligten Personen zu unterwerfen oder diesen entgegenkommen zu müssen (wollen). Dies ist bei Vorliegen der Möglichkeit einer Einflussnahme mittels Strafandrohung der Fall,

wobei auf die Zielpersonen ein unterdrückender Zwang ausgeübt wird, sich zu fügen."[4]

Doch wir müssen in unseren alltäglichen Gesprächen zum Glück nicht immer in einem Lexikon nachschlagen. Im Allgemeinen verstehen wir recht gut, was beispielsweise man mit Freiheit, Geist, Wissenschaft, Wahrheit, Demokratie, Liebe, Religion, Vertrauen oder auch Macht meint. Wissenschaftlich scharfe eindeutige Definitionen sind dazu nicht erforderlich. Woran liegt das? Es sind hauptsächlich drei Gründe[5]:

Einmal ist unsere Umgangssprache nicht nur für die Vermittlung von Fakten gedacht. Sie dient auch der Unterhaltung. Sie sagt etwas über den Sprecher aus und auch darüber, wie er zu der andern Person steht und was man von ihr erwartet. Unabhängig von den Inhalten ist Sprache auch so etwas wie bei den Affen die soziale Fellpflege. Doppeldeutigkeiten sind sogar manchmal gewollt. Witze erzählen lebt davon. Zum zweiten steht ein Satz auch nicht für sich alleine im Raum. Wir erkennen den Sinn eines Begriffes oder Satzes durch den sprachlichen Kontext, die Satzumgebung. Sie schränkt Bedeutungen ein und präzisiert. Und ein dritter Grund liegt darin, dass nicht nur die Sprachumgebung mithilft den Satz zu interpretieren. Es sind auch Gestik, Mimik

---

[4] https://de.wikipedia.org/wiki/Macht, Zugriff: 2.9.2017
[5] Zelger, J. (1975): Konzepte zur Messung der Macht, S. 19-20

und die Umgebung in der er gesprochen wird, die helfen, einen Satz richtig einzuordnen.

Wenn wir uns jedoch hier mit dem Phänomen Macht auseinandersetzen wollen, dann brauchen wir ein gemeinsames Verständnis darüber. Das ist gar nicht so einfach. Psychologen und Soziologen sind sich nämlich nur darin wirklich einig, dass es keine allgemein anerkannte verbindliche Definition von Macht gibt.

Eine Geschichte aus der Bibel, die von David und Goliath, und ein Volksmärchen, Das tapfere Schneiderlein, zeigen uns, dass Macht manchmal in anderen Erscheinungen auftritt, als man es auf den ersten Blick erwartet. Sie zeigen ein Macht-Paradoxon. Ein Paradox oder Paradoxon zeichnet sich ja dadurch aus, dass etwas entgegen der gewöhnlichen Meinung, allgemeinen Erwartung oder Erfahrung geschieht: unerwartet und auf den ersten Blick unglaublich.

David und Goliath

Sie kennen wahrscheinlich die Geschichte des Kampfes zwischen David und Goliath, jedenfalls in groben Zügen. Sie ist eine Metapher, ein wirkmächtiges Bild des Kampfes eines scheinbar Schwachen gegen einen Starken. Nachlesen kann man sie im Alten Testament, im 1. Buch Samuel, Kapitel 17. Hier zur Erinnerung nochmals in Kurzform die Handlung:

Die Heere der Israeliten und der Philister standen sich in Sichtweite auf zwei Bergen gegenüber, getrennt durch ein Tal. Ein Kampf schien unvermeidbar. Es war jedoch oft üblich, dass man das gegenseige Gemetzel vermeiden konnte. Stellvertretend kämpften zwei Krieger gegeneinander, je einer aus dem feindlichen Lager. Wer siegte, dem ergab sich das andere Heer kampflos. Aus dem Lager der Philister trat Goliath hervor. Ein Riese etwa drei Meter groß, in einer Rüstung, die 82 Kilogramm wog, bewaffnet mit einem Schwert und einem etwa zehn Kilogramm schweren Eisenspeer. Der Eindruck, den Goliath machte, war so überwältigend, dass sich aus dem Lager der Israeliten keiner fand, der gegen ihn antreten wollte. Eine Niederlage war, wie man heute sagen würde, so sicher wie das Amen in der Kirche.

Es tauchte der Hirte David auf, der eigentlich gar nicht zum Heer der Israeliten gehörte, etwas schmächtig und ohne Kriegserfahrung. Er war bereit, gegen Goliath anzutreten. Im Lager der Israeliten hatte man erheblich Zweifel an den Erfolgschancen. David wurde zuerst auch in eine Rüstung gesteckt und mit einem Schwert ausgestattet. Er konnte sich jedoch darin kaum bewegen und legte alles wieder ab.

Nur mit einer Hirtenschleuder und ein paar Steinen trat er Goliath gegenüber. David rannte Goliath entgegen und, wie es heißt: *„ ...tat seine Hand in die Hirtentasche und nahm einen Stein heraus und schleuderte ihn und* *traf den Philister an die Stirn, dass der Stein in seine Stirn fuhr und er zur Erde fiel auf sein Angesicht."* [6]Anschließend hat David seinem Gegner mit dessen eigenem Schwert den Kopf abgeschlagen.

Abb. 2: Der scheinbar unterlegene David gewinnt gegen den Riesen Goliath. Nicht die Kraft ist entscheidend sondern das Wissen um die Schwächen des Gegners (Kopf und Trägheit). Die Geschichte ist Hoffnung für alle vermeintlich Machtlosen.

Der scheinbar weit überlegene und damit offensichtlich mächtigere Goliath wurde von einem schmächtigen und körperlich unterlegen Hirtenjungen besiegt - wider alle Erwartungen. Das ist das, was ich ein Macht-Paradoxon nenne. Auf dieses David-Prinzip oder Macht-Paradoxon werden wir später noch zurückkommen. Soviel nur vorab: Auch ein scheinbar übermächtiger Gegner ist nicht

---

[6] Bibel: Das 1. Buch Samuel 17, 49

unschlagbar. Es kommt auf die Art der Macht und deren Gebrauch an. Eine Hoffnung für alle, die sich für machtlos halten.

Das tapfere Schneiderlein

Eine andere Geschichte dürfte ebenfalls vielen noch bekannt sein. Es ist das Märchen vom tapferen Schneiderlein. In Kurzform hier ein paar Episoden aus dem Märchen, die das Thema Macht betreffen – wenn auch nicht auf den ersten Blick.

Der schmächtige Schneider schlägt mit einem Tuchlappen Mücken tot, die auf seinem Marmeladebrot sitzen. Es sind sieben, die er mit einem Streich erledigt. Stolz auf diese Leistung stickt er sich auf seinen Gürtel den Text: „Sieben auf einen Streich". Er zieht in die Welt und begegnet einem Riesen. Der Riese sieht den Gürtel und ist beeindruckt. Er meinte, es wären Menschen gewesen. Doch der Schneider wird vom Riesen zu verschiedenen Kraftproben aufgefordert. Schließlich will der Riese wissen, ob der Spruch auf dem Gürtel auch stimmt.

Der Riese presst aus einem Stein etwas Wasser heraus – der Schneider zerdrückt ein Stück Käse, der mehr Flüssigkeit hergibt. Der Riese wirft einen Stein weit weg – der Schneider wirft einen Vogel in die Luft, den er vorher aufgelesen hatte. Der Vogel fliegt weiter als der Stein. Der Schneider besteht auch weitere Wettbewerbe mit

Tricks erfolgreich. Er entgeht auch einem Mordversuch des Riesen, der ihn nachts erschlagen wollte.

Abb. 3: "Sieben auf einen Streich" waren nur Fliegen. Der Schneider gewinnt mit List einen direkten Vergleich mit einem Riesen. Er besteht auch die unmöglichen Prüfungen des Königs und wird belohnt. Mit Manipulation hat er Erfolg.

Der Schneider zieht weiter. Er wird mit vielen Privilegien in das Heer eines Königs aufgenommen. Es gibt Unstimmigkeiten mit den bisherigen Kriegern. Der König will den Schneider wieder loswerden. Er schickt ihn zu verschiedenen Prüfungen weg - in der Hoffnung, dass er nicht überlebt. Dem Schneider werden bei erfolgreicher Erledigung das halbe Königreich und die Königstochter versprochen.

Zuerst soll er zwei Riesen erledigen. Der Schneider steigt auf einen Baum, bewirft zuerst den einen, dann den anderen mit Steinen. Die beiden gehen deswegen aufeinander los und bringen sich um. Dann soll er ein Einhorn einfangen. Der Schneider stellt sich vor einem Baum. Das Einhorn rennt auf ihn zu. Der Schneider springt zur Seite. Das Einhorn steckt mit seinem Horn im Baum. Schließlich soll der Schneider ein Wildschwein fangen. Der Schneider rennt in eine kleine Kapelle. Das Wildschwein stürmte hinterher. Der Schneider springt aus dem Fenster und verschließt die Tür von außen.

Dreimal bewältigt der Schneider scheinbar unmögliche Aufgaben. Schließlich bekommt er – widerwillig zwar – vom König den versprochen Lohn: das halbe Königreich und die Königstochter. Und, wie es heißt: *„Also war und bleibt das Schneiderlein sein Lebtag König."*

Auch hier liegen paradoxe Situationen vor. Die Aufgaben schienen für den Schneider nicht zu bewältigen. Er hat es dennoch geschafft. Die auf den ersten Blick Überlegenen, also Mächtigeren: Riesen, Einhorn, Wildschwein hat er überwältigt - nicht mit Kraft sondern mit Grips und ein paar Tricks. Durch den Anschein der Macht hat der Schneider einige Chancen bekommen, die er ohne sie nicht bekommen hätte. Manchmal reicht es schon, dass andere glauben, man sei mächtig, um in die Vorteile der Macht zu gelangen.

Machtsituationen im Alltag

Üben Eltern über ihre Kinder Macht aus? Wie sieht die Situation aus zwischen Chef und Mitarbeiter? Was heist eigentlich „Macht ausüben"? Warum ist ein psychologisches Experiment aus dem Ruder gelaufen?

Eltern und Kinder

Woher nehmen wir die Mittel, um Machtansprüche durchzusetzen? Welches sind die Machtquellen. Hier ein Beispiel aus dem Familienleben, das Ihnen so oder ähnlich bekannt sein dürfte.

Nehmen wir einmal an, Sie hätten einen habwüchsige Sohn, noch nicht achtzehn, der abends noch weg will. Sie, als Vater oder Mutter, wollen, dass er spätestens 22 Uhr wieder zuhause ist. Ihrem Sohn gefällt das ganz und gar nicht. 24 Uhr hält er für angemessener, am besten jedoch gar kein Zeitlimit für die Rückkehr. Sie möchten jedoch von Ihrer Vorgabe nicht abweichen. Wie können Sie die Wahrscheinlichkeit erhöhen, dass Ihr Sohn sich an Ihre Anweisung hält, und bis 22 Uhr wieder zurück ist. Die Frage ist also, welche Machtquellen Sie haben und nutzen könnten. Es sind mehrere, die Sie natürlich auch miteinander kombinieren könnten.

Einmal könnten Sie ihm versprechen, dass er zwanzig Euro erhält, damit er sein Smartphone mit Prepaid-Tarif mit diesem Betrag aufladen kann, also: *Belohnung.*

Dann könnten Sie ihm das Taschengeld für nächsten Monat um zwanzig Euro kürzen, falls er nicht rechtzeitig da ist, also: *Bestrafung.*

Sie könnten ihn darauf hinweisen, dass sein Sportkumpel aus der Leichtathletik-Abteilung, den Ihr Sohn bewundert, immer früh schlafen geht, weil das für seine generelle Fitness sehr förderlich ist, also: *Identifikation.*

Sie könnten auf den Wetterdienst verweisen, der schweres Unwetter angesagt hat und daher die späte Rückfahrt ihre Sohnes mit dem E-Bike gefährlich, zumindest sehr unangenehm werden könnte, also*: Information.*

Sie könnten auch darauf verweisen, dass sie als Erziehungsberechtigter das Recht haben, seine Rückkehr bis 22 Uhr zu verlangen, also: formale *Legitimation.*

Schließlich könnten Sie ihm auch klarmachen, dass Sie wachbleiben und sich große Sorgen machen würden, wenn er nach 22 Uhr noch nicht zurück wäre, also: (emotionale) *Manipulation.*

Und schlussendlich könnten Sie auch einfach behaupten, dass Sie es besser wüssten, was in diesem Alter für ihn gut sei: also *Sachkenntnis* und Erfahrung.

Natürlich könnten Sie ihren Sohn auch einfach einsperren und gar nicht fortlassen. Aber das wäre das Ende der Kommunikation, nämlich die Anwendung von Gewalt.

Und wahrscheinlich wäre es auch das Ende einer vertrauensvollen Beziehung. Letztlich wollen Sie das Verhalten Ihres Sohnes entsprechend Ihren Vorstellungen steuern. Sie brauchen jedoch seine Zustimmung. Schließlich hat er Alternativen, sich ihren Wünschen zu widersetzen.

Belohnung → „Wenn Du tust, was ich will, belohne ich Dich."

Bestrafung → „Wenn Du nicht tust, was ich will, bestrafe ich Dich."

Identifikation → „Folge deinem Vorbild."

Information → „Ich habe die richtigen Informationen."

Legitimation → „Ich habe das Recht auf meiner Seite."

Manipulation → „Das willst Du doch auch (nicht)."

Sachkenntnis → „Ich weiß kenne mich besser aus als Du."

Abb. 4: Eltern haben vielfältige Möglichkeiten ihre Absichten bei Kindern durchzusetzen. Es reicht von der Belohnung für Wohlverhalten über Manipulation bis zur Überzeugungsarbeit mit überlegenen Sachkenntnissen. Erziehung ist immer ein Machspiel – aus Elternsicht natürlich nur zum Vorteil des Kindes.

Was hier am Beispiel einer überschaubaren Familiensituation dargestellt worden ist, kann auch auf Unternehmen, Vereine oder generell organisierte Gruppierungen angewendet werden. Auch dort gibt es die ganze Palette der Machtquellen, die offen oder sehr oft auch verdeckt eingesetzt werden, um das Verhalten anderer gegen

Widerstand im eigenen Sinne zu beeinflussen. Der Soziologe Heinrich Popitz meint, *„dass der Bazillus Macht in allen menschlichen Beziehungen steckt."*[7]

Chef und Mitarbeiter

Nehmen wir ein Beispiel aus einer Firma. INFRATRON ist Komplettanbieter für die rationelle Verkabelung von Energie- und Datenleitungen bei Großprojekten. Ein prestigeträchtiges Hochhausprojekt in den Vereinigten Arabischen Emiraten, konkret in Abu Dhabi, erfordert einen erfahrenen Projektmanager. Während der Bauzeit soll er vor Ort das Projekt leiten. Es wird mit mindestens zwei Jahren gerechnet. Der Geschäftsführer Xaver will den bewährten Mitarbeiter Yohannes entsenden. Er hat bei verschiedenen Projekten im Inland seine Fähigkeiten als Projektleiter bewiesen. Yohannes ist verheiratet, hat eine Tochter mit vierzehn und einen Sohn mit acht Jahren. Yohannes ist kürzlich in sein neues Reiheneckhaus eingezogen. Zur Firma sind es täglich eine halbe Stunde Fahrzeit mit dem Auto. Die Frau von Yohannes ist Lehrerin. Sie unterrichtet wieder mit reduzierter Stundenzahl an der Gesamtschule im Nachbarort.

Der Geschäftsführer Xaver vermutet das. Er möchte erreichen, dass Yohannes sich für die Entsendung zur Projektleitung in Abu Dhabi entscheidet. Befehlen wie beim Militär kann er es nicht. Es gibt keine Gehorsamspflicht

---

[7] Popitz, H. (1992): Phänomene der Macht, S. 21

auf Befehle von oben. Denn der Mitarbeiter könnte sich ja immer weigern oder einer ungewollten Entsendung entziehen, indem er kündigt. Das will der Geschäftsführer natürlich verhindern. Der Geschäftsführer hat verschiedene Möglichkeiten bzw. Ressourcen, Yohannes zur Übernahme der Projektleitung zu bewegen.

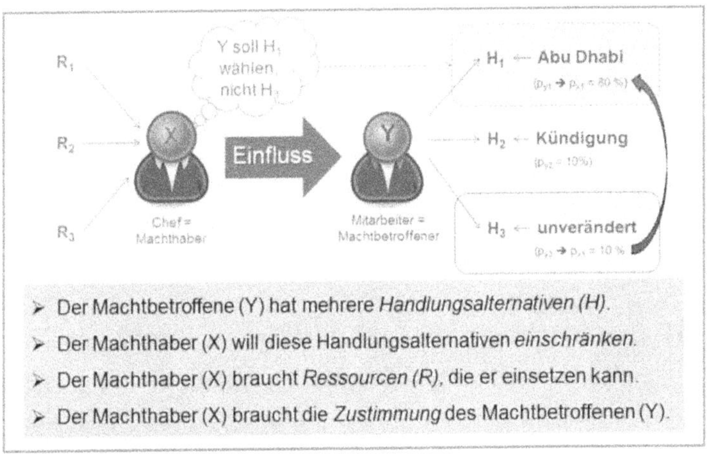

Abb. 5: Der Chef (Y) will den Mitarbeiter (Y) in seinem Sinne beeinflussen. Dazu benutzt er verschiedene Machtressourcen (R). Ziel ist es, den Mitarbeiter (Y) soweit zu bringen, dass der die vom Chef (Y) gewünschte Alternative (H1) mit hoher Wahrscheinlichkeit wählt.

Er könnte z.B. die Abordnung finanziell so attraktiv machen, dass Yohannes sein neues Eigenheim schneller entschulden kann, als erwartet (Belohnung). Er könnte von seiner Weisungsbefugnis Gebrauch machen, weil laut Arbeitsvertrag Auslandseinsätze vorgesehen sind (Legitimation). Es wäre auch möglich darauf hinzuweisen, dass nach erfolgreichem Projektabschluss für Yohannes eine Stelle als Bereichsleiter vorgesehen ist (Belohnung). Es wäre auch möglich, Yohannes deutlich zu machen, dass dieses Projekt für die Zukunft von INFRATRON von entscheidender Bedeutung ist und man seinen Beitrag zur Zukunftssicherung erwartet (Identifikation). Der Geschäftsführer könnte auch anführen, dass eine Ablehnung als Illoyalität angesehen wird und er persönlich sehr enttäuscht sein würde (Manipulation). Auch eine Kombination verschiedener Ressourcen ist natürlich möglich. Er setzt also diejenigen Machtmittel ein, von denen er sich die die aussichtsreichste Wirkung verspricht. Man kann aus dieser Situation folgende Erkenntnisse gewinnen.

(1) Der Machtbetroffene hat mehrere Handlungsalternativen, also eine – wenn auch manchmal begrenzte – Wahlfreiheit.
(2) Der Machthaber möchte diese Wahlfreiheit zu seinen Gunsten beeinflussen oder einschränken.
(3) Dazu braucht der Machthaber Ressourcen, die er einsetzen oder/und mit denen der zumindest drohen kann.
(4) Und schließlich braucht der Machthaber immer noch die Zustimmung des Machtbetroffenen, denn die anderen Alternativen sind ja immer noch vorhanden.

Macht ist also nur dann erforderlich, wenn der Machtbetroffene die Freiheit hat, sich anders zu entscheiden, als der Machthaber das möchte. Wer Macht ausübt, versucht, die Alternativen des Machtbetroffenen einzuschränken. Nur die vom Machthaber bevorzugte Alternative soll noch zur Verfügung steht. Man nennt dies auch Selektivität der Macht.

Wärter und Gefangene

Am 20. August 1971 wurde nach sechs Tagen ein sozialpsychologisches Experiment an der Standfort Universität, USA, vorzeitig beendet. Es sollte zwei Wochen dauern. Was war passiert?[8] Der Psychologe Philip Zimardo wollte untersuchen, wie sich Personen in Gefangenschaft verhalten. Er wählte aus siebzig Personen vierundzwanzig aus, die seiner Ansicht nach die normalsten waren. Die Testpersonen wurden per Zufallsauswahl je zur Hälfte in Gefangene und Wärter aufgeteilt. Die Gefangenen wurden aus ihrer normalen Umgebung nach einigen Tagen wegen angeblichen Raubes von echten Polizisten verhaftet und zur Polizeiwache gerbracht. Von dort wurden sie mit verbundenen Augen zum Stanford-Institut transportiert und in Zellen gesperrt. Die Zellen hatten Gitter und waren echten Zellen sehr ähnlich. Alles wurde mit Videokameras überwacht.

Die Wärter bekamen Uniformen, spiegelnde Sonnenbrillen und Gummiknüppel. Die Gefangenen wurden entlaust, ohne Unterwäsche in Gefängniskleidung gesteckt, mussten Nylonstrümpfe über dem Kopf und schwere

---

[8] Siehe auch: www.stanford-prison-experiment.de, Zugriff 24.11.2016

Fußketten tragen. Anstelle ihres Namens bekamen sie deutlich sichtbar eine Nummer auf ihre Kleidung. Ab da durften sie nur noch mit dieser Nummer angesprochen werden. Ihre Individualität würde dadurch ausgelöscht.

Die Wärter sollten für Ruhe und Ordnung zu sorgen. Die Regeln dafür konnten sie selbst festlegen. Zu Beginn veranstalteten die Wärter nächtliche Zählapelle. Wer sich nicht fügte, musste Liegestützen machen. Nach zwei Tagen muckten die Gefangenen auf. Zur Strafe wurden ihnen Kleider und Betten weggenommen. Der Toilettengang musste ausdrücklich genehmigt werden. Nachts mussten die Gefangenen Eimer in den Zellen benutzen. Wer nicht aufgemuckt hatte, bekam Kleidung und Bett zurück. Diese Gefangenen wurden von den übrigen Gefangenen als Spitzel der Wärter betrachtet.

Nach nur drei Tagen zeigten die Wärter sadistische Neigungen. Während der Nachtzeit kam es zu Gewalt und Misshandlungen gegen die Gefangenen. Die Kameras konnten in der Dunkelheit nichts mehr aufzeichnen. Nach sechs Tagen wurde das Experiment abgebrochen. Es war außer Kontrolle geraten. Die Gefahr psychischer und physischer Schäden für die Gefangenen war zu groß geworden.

Bedeutsam ist folgendes: a) Die Wärter waren in Ihrer Funktion gegenüber den Gefangenen sofort in einer überlegenen Position. b) Die Wärter konnten die Regeln bestimmen, nach denen sich die Gefangenen zu halten hatten. c) Die Wärter konnten bestrafen und Ressourcen entziehen (also Bett und Kleidung). d) Die Wärter haben (wenn auch heimlich) physische Gewalt angewandt, um Gehorsam und Regeltreue zu erzwingen. e) Die Gefangenen konnten nicht ausweichen.

Das Erschreckende daran aber war, dass es sich bei den sogenannten Wärtern um ganz normale Personen handelte, wie Sie und ich. Die Folgerung daraus: Wer in eine Machtposition kommt und sich dort behaupten will, verändert wahrscheinlich sein Verhalten. Wenn keine Grenzen gesetzt werden, wie auch immer, kann das für die Machtbetroffenen äußerst unangenehm werden. Macht verlangt Machtkontrolle. Vorher jedoch muss man wissen, wie und wo Macht ausgeübt wird.

Die vielen Seiten der Macht

Welche Machtarten und Machtmittel kann man mindestens unterscheiden? Wo finden die Machtspiele statt? Wie kann man Machtansprüche durchsetzen? Welche heimlichen Machthaber beeinflussen uns? Sind Algorithmen mächtig? Worin besteht die Macht der Experten? Warum ist jede Machtausübung fragwürdig?

Anatomie der Macht

Ebenso wie der menschliche Körper seziert wird, um Einblicke in die inneren Organe zu erhalten, sezieren

auch Soziologen, Psychologen, Ökonomen und Politikwissenschaftler das Phänomen Macht. Sie möchten in
ihr Wesen vorzudringen. Sie wollen einen Einblick in
deren verschiedene Erscheinungen und Komponenten
bekommen. Manchmal ist es reines wissenschaftliches
Interesse. Manchmal will man aus den Erkenntnissen
Methoden ableiten, wie man zu Macht kommt, sie ausübt und möglichst nicht mehr verliert.

Der US-amerikanische Ökonom und Sozialkritiker John
Kenneth Galbraith unterscheidet in seinem Buch *„Anatomie der Macht"* drei Arten der Macht und drei Methoden der Machtausübung. Er schreibt auf den ersten Seiten seines Buches: *„Machtausübung, die Unterwerfung
unter den Willen anderer, ist in der modernen Gesellschaft unvermeidlich; ohne sie könnte nichts, aber auch
gar nichts erreicht werden. Das Thema Macht sollte im
Geist gesunder Skepsis, nicht aber fixiert auf das Böse
schlechthin angegangen werden."*[9]

Zuerst zu den Arten der Macht. Galbraith unterscheidet
zwischen der repressiven, der kompensatorischen und
der konditionierten Macht.

Repressive Macht

Unterordnung von Personen oder Personengruppen
wird hier dadurch erreicht, dass man ihnen unangeneh-

---

[9] Galbraith, J. K. (1989): Anatomie der Macht, S. 23

me Konsequenzen androht. Die Drohung muss natürlich glaubhaft sein, d.h. die Machtbetroffen nehmen an, dass der Machthaber sie auch wahrmachen kann. Ein Rudersklave wird im Takt rudern, weil die Peitschenhiebe des Aussehers unangenehmer sind als die sicher ebenfalls unangenehme Arbeit auf der Ruderbank. Ein Mitarbeiter wird auch eine für ihn lästige Arbeit ausführen, wenn er sonst damit rechnen muss, bei der nächsten Mitarbeiterbeurteilung schlecht abzuschneiden oder eine Ermahnung zu kassieren. Repressive Macht steht auf mögliche Bestrafung.

Kompensatorische Macht

Hier wird Unterordnung von Personen oder Personengruppen dadurch erreicht, dass eine Gegenleitung für diese Unterordnung angeboten wird. Wie bei der Drohung muss natürlich auch hier glaubhaft sein, dass die Belohnung auch wirklich gegeben wird. Wenn ein Mitarbeiter die gesetzten Ziele erreicht, bekommt er beispielsweise einen finanziellen Bonus. Wenn ein Kind das gewünschte Verhalten zeigt, wird es von Mutter oder Vater gelobt. Kompensatorische Macht setzt auf Belohnung. Bleibt die Belohnung aus, verliert diese Art der Macht ihre Wirkung. Der Machthaber wird unglaubwürdig.

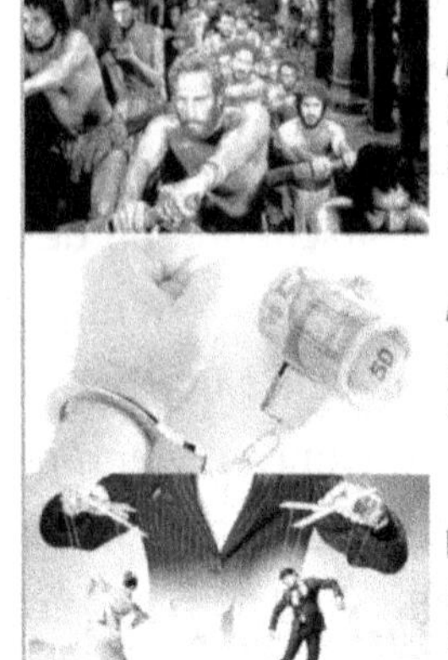

Abb. 6: Der US-amerikanische Ökonom und Sozialkritiker J. K. Galbraith unterscheidet drei Machtarten: Repression, Kompensation und Konditionierung. Kombinationen sind möglich. Privat oder in Unternehmen werden alle Machtarten eingesetzt.

Konditionierte Macht

Bei der konditionierten Macht ist beides, also mögliche Bestrafung und versprochene Belohnung, nicht nötig. Hier wird die innere Einstellung, werden die Überzeugungen des Machtbetroffenen im Sinne des Machthabers verändert. Eine Möglichkeit ist die offene Argumentation, die Überzeugung durch den Machthaber. Der Machtbetroffen schließt sich aufgrund der Argumente an, ordnet sich den Absichten des Machthabers aus Einsicht unter. Die andere Möglichkeit ist die unentdeckte Beeinflussung, die Manipulation oder sogar Gehirnwäsche, als ein Extremfall der Manipulation.

Abb. 7: Der US-amerikanische Ökonom und Sozialkritiker K. J. Galbraith unterscheidet drei Methoden der Machtausübung: Über die Person, mittels Eigentum oder über Organisationen. Beziehungen, Geld und Zugehörigkeit zu Organisationen helfen, Machtansprüche durchzusetzen.

Ein besonderer Erfolg konditionierter Macht ist es, wie Galbraith schreibt: *„wenn jemand sich den Zielen anderer nicht nur bereitwillig unterordnet, sondern dabei auch noch von dem Gefühl beseelt wird, etwas besonders Tugendhaftes zu tun."*[10] Wenn die betreffende Person dann auch noch überzeugt ist, dass sie das aus eigener freier Entscheidung tut, wäre das konditionierte Macht in Vollendung. Sie wird vom Machtbetroffenen gar nicht mehr wahrgenommen. Religionen oder Ideologien arbeiten erfolgreich mit konditionierter Macht. Aber auch die

---

[10] Galbraith, J. K. (1989): Anatomie der Macht, S. 174

Methoden Belohnung (= Himmel) und Bestrafung (= Hölle) sind der Kirche nicht unbekannt.

Zu wissen, welche Arten der Macht, welche Machtmittel man unterscheiden kann, ist sicherlich hilfreich. Das genügt jedoch nicht. Die Frage ist noch, welche Methoden zur Machtausübung zur Verfügung stehen. Methoden sind sozusagen die Transformationsriemen, mit denen die Machtmittel ihre offene oder verdeckte Wirkung auf die Machtbetroffenen ausüben können. Galbraith unterscheidet hier: Persönlichkeit, Eigentum und Organisation.

Persönlichkeit

Der Redner, der durch seine begeisternde Rede das Publikum überzeugen kann, der Unternehmensinhaber, der durch sein Vorbild auf die Mitarbeiter wirkt, der unbestechliche moralisch integre Politiker, der sich engagiert für seine Ziele einsetzt: sie alle könnten allein durch ihre Person andere Menschen dazu bringen, ihnen zu folgen, sich für deren Ziele einzusetzen. Die Persönlichkeit, ist die Summe der *„physischen, geistigen, rhetorischen, moralischen oder sonstigen Eigenschaften, die zu einem oder mehreren Machtmitteln Zugang verschaffen.“*[11] Es muss nicht unbedingt eine sogenannte charismatische Persönlichkeit sein, die so etwas zustande bringen kann. Manchmal findet man unter den so überzeugen Persön-

---

[11] Galbraith, J. K. (1989): Anatomie der Macht, S. 16

lichkeiten auch welche, die gerade durch Ihre Beschei-
denheit und Zurückhaltung andere für sich und ihre Ziele
gewinnen können.

Eigentum

Eigentum in unserem Sinne wäre die Summe aller materiellen Güter, über die jemand verfügen kann. „Geld
regiert die Welt", ist eine bekannte Redensart. Eine andere lautet: „Ein Jeder hat seinen Preis." Wohlwohlen
und die Unterwerfung unter die Ziele des Machthabers
sind am direktesten mit Geld oder materiellen Geschen-
ken zu erkaufen. Sicherlich ist nicht jeder käuflich. Nicht
selten ist das jedoch nur eine Frage der Höhe des Geld-
betrages. Es mag harmlos beginnen mit einem unerwar-
teten Geschenk zum Geburtstag oder zu Weihnachten
oder einer Einladung zu einer Veranstaltung oder zum
Essen im Edelrestaurant. *„Besitz oder auch Einkommen
sorgen für das nötige Kleingeld, ohne das sich Unterwerfung nicht erkaufen lässt"*[12]. Auch mit einem hohen Ge-
halt kann die Loyalität und damit die Unterwerfung von
Mitarbeitern unter die Ziele des Unternehmers oder des
Unternehmens erkauft werden. Es ist auch erstaunlich,
wie willig sich viele Führungskräfte durch Geld motiviert
unterordnen.

Als verdeckter Wirkungsmechanismus wirkt auch noch
die sogenannte Reziprozität. Was ist damit gemeint? Wir

---

[12] Galbraith, J. K. (1989): Anatomie der Macht, S. 16

sind so erzogen, dass wir Geschenke oder Gefälligkeiten durch Gegenleistungen honorieren. Der Sozialpsychologe Robert B. Cialdini formulierte das in seinem Buch mit den Titel *„Einfluss"* so: *„Die menschlichen Gesellschaften ziehen einen wirklich bedeutsamen Wettbewerbsvorteil aus dieser Regel wechselseitiger Abhängigkeit, und sie achten demzufolge darauf, dass ihre Mitglieder lernen, sich an sie zu halten und an sie zu glauben."*[13] Das gelte, meint Cialdini, auch für ungebetene Geschenke oder Zuwendungen und sogar für Geschenke von unsympathischen Personen.

Organisation

Wenn Sie auf der rechten Straßenseite fahren, wenn Sie als Fußgänger vor der roten Ampel anhalten obwohl kein Verkehr zu sehen ist, wenn Sie – wenn auch vielleicht widerwillig – ihre Steuererklärung abgeben oder davon absehen, ihrem fiesen Kollegen die Autoreifen durchzustechen, dann tun Sie das nicht, weil Sie von einer konkreten Person daran gehindert werden. Sie tun das, weil es Regeln oder Gesetze gibt, an die man sich zu halten hat. Hinter diesem „man" steckt eine Organisation, der Staat, das Rechtssystem, die Polizei oder das von der Kirche verkündete Gebot der Nächstenliebe, die einem verbietet, andern willentlich und wissentlich zu schaden.

---

[13] Cialdini, R. B. (1987): Einfluss, S. 16

Organisationen können Regeln aufstellen, beim Staat sind es Gesetze, an die sich die Mitglieder der Organisation oder Besucher eines Staatsgebietes zu halten haben. Man weiß, dass Verstöße sanktioniert werden können durch Strafen wegen Gesetzesübertretungen, durch sozialen Ausschluss oder gesellschaftliche Missachtung. Organisationen wie der Staat haben zudem exklusiven Zugang zur repressiven Macht. Sie können bestrafen, haben also das Gewaltenmonopol. Über die Erziehung mittels Schulen und entsprechend ausgebildeten Lehrern ist der Staat auch in der Lage, konditionierte Macht auszuüben. Die Wertevorstellungen der Menschen werden so im Sinne des Staates verändert.

Bestimmte Methoden der Machtausübung nutzen bevorzugt bestimmte Arten der Macht. Über die Lebensdauer einer Organisation kann sich das auch ändern. Ein prägnantes Beispiel ist dabei das Christentum. In den Anfängen war es sicherlich die einnehmende, vielleicht sogar charismatische Persönlichkeit von Christus, mit der er überzeugen und Jünger um sich scharen konnte. Danach entwickelte sich in der damaligen christlichen Sekte eine erste Organisation, die Jünger und deren Gefolgschaft. Ab dem Zeitpunkt, ab dem das Christentum römische Staatsreligion geworden war, wurde die Organisation straffer. Unter den Kirchenfürsten gab es sicherlich auch die eine oder andere Persönlichkeit, die durch persönliche Lebensführung oder charismatisches Rede

Gläubige gewinnen und halten konnte. Nach und nach wurde mehr Besitz erworben. Man konnte Sündern mit der Hölle drohen, also Strafe als repressive Macht, oder für ein gottgefälliges Leben das Paradies versprechen, also Belohnung als kompensatorische Macht. Zudem wurden die Gläubigen von Kindesbeinen an religiös erzogen. Die Moralvorstellungen und Regeln der Kirche sind so verinnerlicht worden, um sie später als eigene Vorstellungen und Entscheidungen erscheinen zu lassen, also konditionierte Macht.

Methode → (Mittel) / Arten ↓ (Wirkung)	Person	Eigentum	Organisation
Repression	X z.B. Liebesentzug	X z. B. Betrug	X z.B. Bestrafung
Kompensation	X z.B. Liebe, Lob	X z. B. Einkommen	X z.B. Aufstieg
Konditionierung	X z.B. Überzeugung	X z. B. Kapitalismus	X z. B. Religion

Abb. 8: Der US-amerikanische Ökonom und Sozialkritiker J. K. Galbraith unterscheidet drei Machtarten und drei Machtmethoden. Jede Machtart kann mit jeder Methode kombiniert werden. Es gibt bevorzugte Kombinationen. Der Staat (Organisation) setzt überwiegend auf Repression (Strafen). Insgesamt ergeben sich ergeben sich 3x3 = 9 Machtfelder.

Mit den drei Machtarten und den drei Machtmethoden kann man eine Macht-Matrix aufzustellen. Die Zeilen bezeichnen die Machtarten, die Spalten die Machtmethoden. Im Prinzip kann jede Art der Macht mit jeder Machtmethode kombiniert werden und umgekehrt. Es gibt jedoch einige bevorzugte Kombinationen, die besonders wirksam sind. Beispielsweise setzen staatliche Organisationen mehr auf Repression und Konditionierung. Persönliche Macht wird oft über Kompensation ausgeübt oder Charisma. Und Eigentumsmacht setzt ebenfalls verstärkt auf Kompensation aber auch auf Konditionierung. Solche eine Konditionierung wäre beispielsweise, dass man das marktwirtschaftlich kapitalistische Wirtschaftssystem als alternativlos ansieht.

Schauplätze der Macht

Alle Autoren, die sich mit dem Thema Macht befassen sind sich zumindest in einem Punkt einig: Macht durchdringt das gesamte soziale Leben, also alle gesellschaftlichen Phänomene. Das beginnt in der Zweierbeziehung, geht über die Familie, die Verwandtschaft, Schulen, Universitäten, Unternehmen, Vereine, Organisationen bis hin zum Staat. Die Religionen sind dabei nicht ausgenommen, selbst wenn sie Nächstenliebe und Machtlosigkeit auf ihre Fahnen geschrieben haben. Es ist daher wahrscheinlich ein Unterschied, wo Macht eingesetzt wird, also auf welchen Schauplätzen ein Machtspiel stattfindet. Um die Übersicht nicht zu verlieren, scheint es sinnvoll und hilfreich zu sein, die unterschiedlichsten Schauplätze in Kategorien zusammenzufassen, sie zu gliedern.

In ihrem Buch „*Die helle und die dunkle Seite der Macht*" nennt die Psychoanalytikerin Christine Bauer-Jelinek vier Schauplätze der Macht, die sie mit symbolischen Namen belegt: Haus, Markt, Burg und Tempel. Jeder dieser Schauplätze hat seine eigenen Charakteristiken und bevorzugte Machtkombinationen.

Das Haus

„Das Haus ist der Ort der intimen Beziehungen, hier werden Menschen 'produziert' und regeneriert, das Ziel ist: Lebenserhaltung."[14] Mit „intim" sind hier die in der Regel engen persönlichen Beziehungen gemeint in der Familie und mit der näheren Verwandtschaft. Die Betroffenen spielen auf der Klaviatur der persönlichen Gefühle, es gibt Belohnung und Bestrafungen und auch das Geld führt immer wieder zu Machtspielchen. Über die Erziehung werden die Kinder so konditioniert, dass sie möglichst den Ansprüchen der Eltern und später der Gesellschaft entsprechen. Kooperationen basieren im Haus auf sehr starke emotionaler Verbundenheit.

---

[14] Bauer-Jelinek, Chr. (2000): Die helle und die dunkle Seite der Macht, S. 94

Der Markt

„Der Markt ist der Ort des Leistungsprinzips, hier werden Güter produziert und gehandelt, das Ziel ist: Gewinn."[15] Markt steht für Produktion und Handel, für Dienstleistungen und für den Verkauf der Produkte und Dienstleistungen mit dem Ziel, Gewinne zu erwirtschaften. Die Marktteilnehmer sind untereinander potentielle Konkurrenten. Wer nicht zur Wertschöpfung beitragen kann, findet hier keine Aufgabe. Das betrifft Kinder, Kranke und Alte. Sie dienen höchstens als Konsumenten für die Produkte und Dienstleistungen. Marktmacht hat, wer über verwertbares Wissen verfügt, ausreichend Kontakte zu Lieferanten und Kunden hat und über Werbung, also Konditionierung der Kunden, die Kaufentscheidung zu seinen Gunsten beeinflussen kann. Geld, Besitz und manchmal auch noch Herkunft sind wesentliche Elemente für den Markterfolg. Ein Brot im Haus hergestellt, ist Nahrungsmittel. Ein Brot industriell hergestellt ist am Markt ein Produkt, das in Geld bewertet wird.

Die Burg

„Die Burg ist der Ort des Gemeinwesens, hier werden Strukturen produziert und verwaltet, das Ziel ist: Sicherheit."[16]Menschen können nur mit einer begrenzten An-

---

[15] Bauer-Jelinek, Chr. (2000): Die helle und die dunkle Seite der Macht, S. 96
[16] Bauer-Jelinek, Chr. (2000): Die helle und die dunkle Seite der Macht, S. 99

zahl wirklich persönliche Kontakte pflegen. Soziologen meinen, die Anzahl Personen liege zwischen fünfzig und maximal dreihundert. Es muss also bei größeren Gesellschaften Strukturen geben, die persönliche Kontakte und gegenseitige soziale Kontrolle ersetzen. Burg in diesem Sinne sind beispielsweise Staatsgebilde. Sie „produzieren" keine Produkte sondern Gesetze, Rechtsicherheit, Verteidigung gegen äußere und innere Feinde. Der Staat hat das Gewaltmonopol und verhindert bei Strafe private Vergeltung.

Die Institutionen der Burg sollen dafür sorgen, dass die Bürger ihren produktiven Beschäftigungen ungehindert und berechenbar nachgehen können. Dafür werden die Institutionen der Burg über Steuern und Abgaben finanziert und für besondere Aufgaben darüber hinaus Gebühren verlangt. Ordnung und Sicherheit sind die Leitlinien, nach denen in der Burg gehandelt wird. Eine Burg ist marktechnisch „unproduktiv". Ohne verlässliche Rahmenbedingen kann sich jedoch ein funktionierender Markt nicht entwickeln. Ökonomen sind überzeugt, dass neben Bildung die Rechtsicherheit eine wichtige Quelle des Wohlstandes von Staaten ist.

Der Tempel

„Der Tempel ist der Ort der geistigen Auseinandersetzung, hier werden Wertesysteme produziert und kontrol-

liert, das Ziel ist: Orientierung."[17] Bei Tempel denkt man zuerst an Religionen und Gotteshäuser. Vielfach ist man der Ansicht, dass nur da Wertesysteme, Ethik und Moral entstehen können, die ein würdiges menschliches Zusammenleben gewährleisten. In früheren Zeiten waren es sicherlich die Religionen, die Antworten versuchten auf die Fragen: „Woher kommen wir?", „Wohin gehen wir?" oder „Was ist der Sinn des Lebens?". Nach und nach haben besonders die Naturwissenschaften die Aufgabe übernommen, darauf Antworten zu geben. Rituale und Verhaltensregeln sollen in das Leben geistige Ordnung und Stabilität bringen. Die Mitglieder des Tempels, ob Religion oder Wissenschaft, sind nicht lokal, sondern im Geiste durch gemeinsame Werte und Überzeugungen verbunden.

Natürlich sind diese vier Schauplätze der Macht Idealtypen. Es gibt zwischen ihnen Übergänge und auch Überschneidungen. Man kann beispielsweise durchaus aus rein wirtschaftlichen Gründen heiraten. Es gibt ja auch einen Heiratsmarkt, auf dem heiratswillige Frauen und Männer um einen möglichst attraktiven Partner oder eine Partnerin gegeneinander im Wettbewerb stehen. Der Ökonom und Nobelpreisträger Gary Becker hat bei-

---

[17] Bauer-Jelinek, Chr. (2000): Die helle und die dunkle Seite der Macht, S. 101

spielsweise eine ökonomische Theorie der Heirat und des Kinderkriegens entwickelt.[18]

Religionen können beispielsweise versuchen, ihre Regeln über staatliche Gesetze zu stellen, wie das in einigen vom Islam dominierten Staaten der Fall ist. Dann wechseln sie vom Schauplatz Tempel in den Schauplatz Burg. Doch auch die Sinnangebote der Religionen stehen heutzutage im Wettbewerb um Anhänger. Damit müssen sie sich auch auf dem Schauplatz Markt oder besser: Sinnmarkt behaupten. Und um auf diesem Sinnmarkt erfolgreich zu agieren, müssen sie sich an den Gesetzmäßigkeiten des Marktes orientieren.

Auch der Schauplatz Markt durchdringt andere Schauplätze der Macht. Der marktwirtschaftliche Kapitalismus hat für viele seiner Anhänger Religionscharakter, als eine Glaubensüberzeugung, dass nur er die richtige Wirtschaftsordnung sein kann. Anderseits hat auch der Kommunismus versucht, Sinnorientierung zu geben und ist damit vom Schauplatz Markt in den Schauplatz Tempel eingedrungen. Das ist, wie die Geschichte gezeigt hat, nicht gelungen.

---

[18] Becker, Gary S. (1993): Ökonomische Erklärung menschlichen Verhaltens

46

Abb. 9: Die Psychotherapeutin Christine Bauer-Jelinek unterscheidet vier Schauplätze der Macht. Jedem dieser Schauplätze ordnet sie ein übergeordnetes Ziel zu. Wenn von einem Schauplatz auf einen anderen gewechselt wird, können erhebliche Irritationen entstehen.

Methoden der Machtdurchsetzung

Machtquellen könnten sein: Belohnung, Bestrafung, Identifikation, Information, Legitimation, Manipulation und Sachkenntnis. Allerdings müssen diese Quellen auch genutzt, umgesetzt, durchgesetzt werden können. Der Soziologe Heinrich Popitz unterscheidet vier, wie er es nennt, Durchsetzungsformen der Macht: Aktionsmacht, Instrumentelle Macht, Autoritative Macht und Datensetzende Macht. Was muss man darunter verstehen?

Aktionsmacht

Wenn Sie von randalierenden Jugendlichen grundlos angegriffen, möglicherweise geschlagen und niedergestoßen werden, dann üben diese Personen sicherlich Macht auf sie aus. Sie nutzen ihre körperliche Überlegenheit oder das Überraschungsmoment, um Sie zu etwas zu zwingen, was Sie gar nicht tun wollen. Diese einmalige Aktion führt zu Verletzungen sowohl physischer aber auch psychischer Art. Die Aktion ist einmalig.

Aktionsmacht ist immer möglich, weil Menschen grundsätzlich verletzbar sind. Sie ist meist ungleich verteilt: der andere ist größer, stärker, schneller, raffinierter oder begabter. Neben der psychischen und physischen Verletzbarkeit gibt es auch die ökonomische Verletzbarkeit beispielsweise durch Diebstahl, Raub, Zerstörung. Popitz meint: Solche *„Verletzungsaktionen setzen keine Methode dauerhafter Kontrolle und keine organisierte Ausbeutung voraus, sie sind buchstäblich aus dem Handgelenk ausführbar."*[19]Aktionsmacht ist wahrscheinlich die ursprünglichste Möglichkeit, um Machtansprüche durchzusetzen. Selbst Schimpansen, unsere nächsten genetisch Verwandten im Tierreich, nutzen sie.

Instrumentelle Macht

Einem Mitarbeiter kann gedroht werden, dass er bei mangelnder Leistung seinen Arbeitsplatz verliert. In einer intimeren Beziehung kann Wohlverhalten des Partners erreicht werden mit der Bemerkung, dass man ihn sonst verlassen würde. Zumindest in einem Kriterium

---

[19] Popitz, H. (1992): Phänomene der Macht, 2. Auflage, S. 25

unterscheiden sich diese Drohungen von der Aktions-macht: Das vom Machthaber gewünschte Verhalten der anderen Person soll dauerhaft sein. Es ist auf die Zukunft gerichtet. Im Extremfall wird eine Drohung zur Erpressung oder eine Belohnung zur Bestechung. Auf diese Art werden viele alltägliche Machtansprüche durchgesetzt. Man nennt und empfindet das jedoch oft nicht so.

Instrumentelle Macht besteht jedoch nur solange, wie z.B. die Drohung oder Erpressung auch wahrgemacht werden könnte. Oft hängt es auch nur davon ab, ob der Machtbetroffene, also der Bedrohte oder Erpresste glaubt, dass dies möglich sei. Wenn sich aber herausstellt, dass der angebliche Machthaber seine Drohung nicht wahrmachen kann, hat er seine Macht verloren.

Autoritative Macht

Wenn eine Person den Ruf einer Autorität oder eines Experten erworben hat, dann wird seine Überlegenheit in bestimmten Bereichen anerkannt. Andere Menschen richten sich im Denken oder Handeln nach dieser Person. In zurückliegenden Jahrhunderten waren es Priester, Könige, Gelehrte oder Familienpatriarchen, die sagen konnten, „wo es lang geht" und was richtig oder falsch ist. Heutzutage stammen sogenannte Idole manchmal sogar aus der Unterhaltungsindustrie. Es sind Personen, die vorgeben, was man anzieht, wie man zu denken hat, was „in" ist und was nicht. Es sind die modernen Götzenbilder, die angebetet werden und nach denen man sich richtet. Personen, die Maßstäbe setzen, findet man in allen Wissenschafts- und Kulturbereichen.

Es gilt dabei eine doppelte Anerkennung: Zum einen wird die Überlegenheit oder das wegweisende Verhalten des Idols anerkannt. Zum anderen sucht die nacheifernde Person die Anerkennung des Idols. Da nicht immer persönliche Begegnungen möglich sind, möchte man sich zumindest vorstellen können, dass das Idol einen anerkennen würde, würde man ihm begegnen. Man möchte sich in den Augen der Autorität bewähren. Die Maßstäbe der Autorität sind verinnerlicht worden. Es ist daher hier nicht mehr erforderlich, das Verhalten der machtbetroffenen Person zu kontrollieren. Die Kontrolle erfolgt von innen kommend aus persönlicher Überzeugung, ist, wie die Psychologen sagen, intrinsisch. *„Wer solche Alternativen einsetzen kann und bewusst einsetzt, um Verhalten und Einstellungen anderer zu steuern, übt autoritative Macht aus.“*[20]

Für gläubige Christen, Juden oder Moslems ist die ultimative Autorität für ihr Verhalten und Denken Gott, Jahwe oder Allah. Seine Vertreter auf Erden nutzen dies, indem Sie im Namen ihres Gottes sprechen und handeln – oder dies zumindest vorgeben. Bei Atheisten haben sie jedoch diese autoritative Macht verloren. Und auch

---

[20] Popitz, H. (1992): Phänomene der Macht, 2. Auflage, S. 29

Gläubige der betreffenden Religionen sind heutzutage meist nicht mehr bereit, blindlings zu folgen.

Macht der Experten

Dass der Präsident der USA ein mächtiger Mann ist, wird niemand ernsthaft bestreiten – auch wenn er Donald Trump heißt. Gleiches gilt für den Papst in der katholischen Kirche. Wenn auch seine Macht anders daherkommt. Doch wer kommt schon auf die Idee, dass ein bescheidener Landschaftsgärtner für öffentliche Anlagen Macht ausübt? Wieso sollte ein angestellter mittelmäßig bezahlter Städteplaner in einer Stadtverwaltung eine besonders mächtige Person sein? Auch jeder Entwicklungsingenieur in einem Unternehmen kann eine Macht entfalten, die ihm selbst möglicherweise gar nicht bewusst ist. Wie das?

Es waren nicht Cäsar, nicht Karl der Große, nicht Attila oder Hitler, die die Welt grundlegend verändert haben. Sie alle waren im Positiven wie im Negativen nur Zeiterscheinungen. Grundlegend verändert haben es Planer, Entwickler, Ingenieure. Es sind sogenannte „Datensetzer"[21], ein Begriff, der von dem Soziologen Heinrich Popitz geprägt worden ist. Sie haben Fakten geschaffen und schaffen sie noch, die von den „Datenbetroffenen" hingenommen werden müssen. Sie entscheiden, wie wir

---

[21] „Datensetzer" und „Datenbetroffene" sind Begriffe, die der Soziologe Heinrich Popitz geprägt hat.

uns fortbewegen (Verkehrsplaner), welche Energien wir nutzen können (Ingenieure), was wir essen (Gentechniker) oder wo und wie wir wohnen (Stadtplaner). Sie bestimmen den Rahmen unserer Lebensbedingungen.

Es ist hier nicht die direkte Macht über Menschen. Die Macht dieser „Datensetzer" entsteht dadurch, dass sie die Naturkräfte und Naturgesetze nutzen, um Artefakte zu erstellen, welche die Lebensbedingungen vieler anderer Menschen beeinflussen. Mit dieser „datensetzenden Macht", mit den Produkten und Umweltbedingungen, mit den neuen Möglichkeiten, die geschaffen werden, bestimmen sie auch die Lebensverhältnisse zukünftiger Generationen mit im Prinzip unvorhersehbaren Folgen.

Technischer Fortschritt, das also was hauptsächlich von Wissenschaftlern, Ingenieuren oder Technikern vorangetrieben wird, ist immer ein *„Zurechtzimmern der Welt nach dem Maß des Menschen."*[22] Mit dieser Art von Fortschritt steigt auch die Effizienz technischer Gewaltmitteln, von Waffen. In Zeiten ohne Maschinengewehr, Rakete, chemischem Kampfstoff oder Atombombe war es äußerst aufwändig, eine große Zahl Menschen umzubringen. Heutzutage genügt es, in einem Bunker einen Schalter umzulegen. Hunderttausende Menschen werden ohne Gefahr für den Verursacher vernichtet.

---

[22] Popitz H. (1992): Phänomene der Macht, S. 167

Abb. 10: Experten wie Wissenschaftler, Ingenieure, Techniker üben indirekt beachtliche Macht aus. Sie sind "Datensetzer", bestimmen über aktuelle und künftige Lebensverhältnisse. Auch Politiker gehören dazu. Über Gesetze und Verordnungen greifen sie in das Leben der Menschen ein.

Der Soziologe Heinrich Popitz warnt daher: *„Technisches Handeln scheint eine prinzipiell offene Fähigkeit des Menschen zu sein. [...] Wenn technisches Handeln offen ist, dann ist auch die potentielle Gefährlichkeit für den Menschen potentiell offen. [...]Damit werden die Probleme der Machtkontrolle immer schwerer zu lösen. [...]Der Angelpunkt jeder Machtkontrolle in modernen Gesellschaften ist die Kontrolle technischen Handelns.“*[23]

---

[23] Popitz, H. (1992): Phänomene der Macht, S. 23

Informations- und Themenkontrolle

Wer etwas erreichen will, muss dazu die Macht haben. Macht ausüben, bedeutet immer, die Entscheidungen des Machtbetroffenen im Sinne des Machthabers zu beeinflussen. Die direkten Machtstrategien sind: Argumentation, Manipulation, Drohung und Gewalt. Es gibt auch indirekt Methoden, um Macht auszuüben. Auch mit Ihnen können die Entscheidungs- und Handlungsspielräume eingeengt werden. Die sogenannten „Datensetzer" haben wir schon kennen gelernt. Zwei andere indirekte Methoden der Machtausübung sind: Gatekeeping und Agenda Setting. Was verbirgt sich hinter diesen etwas befremdlichen Bezeichnungen?

Gatekeeping

Journalisten beispielsweise erhalten im Tagesgeschäft sehr viele Informationen von Nachrichtenagenturen, Pressemeldungen von Firmen, Fachartikel von Experten. Nur ein kleiner Teil dieser Informationen findet den Weg in die Ausgabe einer Tageszeitung oder eines Journals. Die Informationen werden ausgewählt entsprechend den Vorlieben, Interessen, Einstellungen des Journalisten und den Vorgaben der Redaktion. Eingehenden Informationen werden unterdrückt, gefiltert, bearbeitet, modifiziert, aufbereitet. Damit haben hier Journalisten die Funktion von Torhütern, Türsteher oder Schleusenwärtern (englisch: Gatekeeper). Sie lassen nicht alles durch, was auf sie zukommt. Dadurch beeinflussen sie die Wahrnehmung der Leser und damit auch deren Entscheidungen.

Durch das Internet, mit beispielsweise Google, Facebook oder WhatsApp, haben Journalisten ein Teil ihrer Funktion als Gatekeeper verloren. Bei der Suche werden die Treffer z.B. bei Google nach Regeln (Algorithmen) in eine Reihenfolge gebracht. Was auf der ersten Seite der Trefferliste oben steht, wird von vielen als besonders wichtig angesehen. Damit hat Google eine Auswahl an Informationen getroffen, die das Entscheidungsverhalten der Nutzer beeinflussen kann. Gatekeeper von Google sind nicht Menschen sondern Regeln, nach denen Informationen ausgewählt und angezeigt werden.

Gatekeeper gibt es auch in Unternehmen oder Organisationen. Es sind Personen, die Informationen verteilen, unterdrücken oder auch verfälschen. Das können Stabsstellen sein oder auch die Sekretärin des Chefs. Sie entscheiden darüber, welche Informationen überhaupt zu den sogenannten Entscheidungsträgern durchkommen.

Agenda-Setting

Es gibt eine weitere Art, indirekt Entscheidungen zu beeinflussen und damit Macht auszuüben. Dabei legt man fest, welche Themen überhaupt besprochen werden, also „auf den Tisch" kommen. Andere, nicht erwünschte Punkte bleiben unerwähnt. Durch Wiederholung des Themas wird der Eindruck erweckt, dass es besonders bedeutsam ist. Verstärkt wird der Eindruck noch durch die Reihenfolge der Themen. Was zuerst kommt, wird meist als wichtiger angesehen.

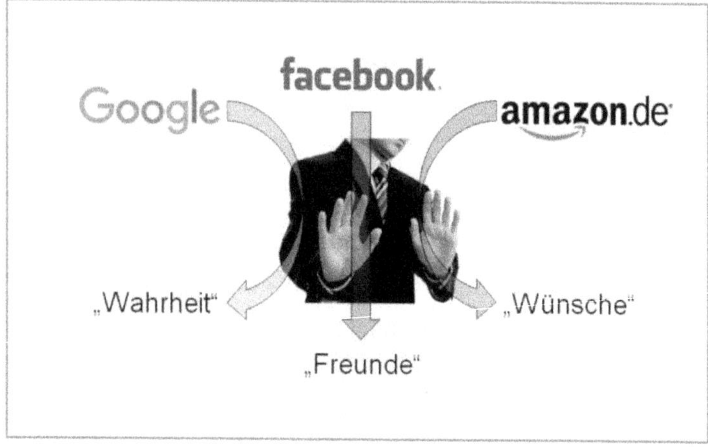

Abb. 11: "Gatekeeper" nennt man Personen, die Informationen auswählen, verändern oder unterdrücken können. In der Vergangenheit waren es meist Journalisten. Heute sind es auch Algorithmen von Internet-Anwendungen wie Google, Facebook und Amazon. Sie haben großen Einfluss auf die Wahrnehmung der Nutzer und damit deren Entscheidungen.

Wenn beispielsweise über die einzige angerostete Schraube in einem Atomreaktor immer wieder berichtet wird, entsteht der Eindruck, das ganze System sei marode. Wenn über den Feinstaubausstoß von Dieselautos erregende Berichte immer wieder von diversen Organisationen in die Öffentlichkeit gelangen, dann wird mit der Zeit auch der letzte Leser oder Fernseher Dieselautos als die Ursache der schlechten Luft in Städten ansehen.

Dass der Abrieb bei Bremsen, Autoreifen, die Abluft bei Holz- und Ölfeuerungen und bei Industriebetrieben unerwähnt bleibt, fällt dann gar nicht mehr auf. Und dass drei Zigaretten zehnmal so viel Feinstaub verursachen, wie ein alter Euro-3-Diesel in eine halben Stunde, bleibt völlig aus dem Blick, findet keine Aufmerksamkeit.

Wenn Berichte über angebliche Seuchengefahr hysterisch verbreitet werden, bleibt die Frage unbeantwortet, wem das nützt. Oder die Frage wird gar nicht erst gestellt. Das wahre Risiko bleibt unerkannt. Beispielsweise starben ebenso viele Menschen, besonders Kleinkinder, durch das Trinken von parfümiertem Lampenöl wie an den Folgen des Rinderwahnsinns, nämlich 150. Doch das Thema Rinderwahnsinn gibt eben mehr her, als parfümiertes Lampenöl.[24] Auf dem Behälter steht nicht: „Das Trinken von Lampenöl kann tödlich sein.“

Macht der Algorithmen

Personen können Macht über andere ausüben. Organisationen können das auch. Organisationen handeln jedoch immer durch Personen. Personen sind hier die sogenannten Organvertreter. Dann scheint es noch einen dritten Typ von Machthabern zu geben: die Algorithmen. Google, Facebook, Amazon, Partnerbörsen wie Parship oder ElitePartner sind die Angstgegner von Per-

---

[24] Die beiden Beispiele (Zigaretten, Lampenöl) sind von Gerd Gigerenzer, Psychologe und Risikoforscher

sonen, die sich durch deren Algorithmen überwältigt fühlen. Artikel in Zeitschriften und im Internet thematisieren uns schüren diese Angst durch Überschriften wie: *„Die unheimliche Macht der Algorithmen“*[25], *„Wie Algorithmen herrschen“*[26], *„Die Herrschaft der Algorithmen“*[27] oder *„Algorithmen und Entscheidungsfreiheit. Das berechnete Ich.“*[28]

Doch was sind eigentlich Algorithmen? Wenn eine Verkehrsampel gesteuert wird entweder nach festen Zeitintervallen oder nach Verkehrsaufkommen, dann stehen dahinter Regeln, mit denen die eingehenden Informationen verarbeitet werden. Wenn das Navigationssystem im Auto die schnellste oder kürzeste Fahrstrecke von Ort A nach Ort B vorschlägt, wird dies ebenfalls nach Regeln unter Beachtung des aktuellen Standortes und der Verkehrssituation berechnet. Wenn bei einer Partnerbörse einer Person passende Kandidaten oder Kandidatinnen vorgeschlagen werden, dann erfolgt das anhand von persönlichen Kriterien und dahinter stehenden Regeln.

---

[25] http://www.handelsblatt.com/unternehmen/it-medien/republica-2017-die-unheimliche-macht-der-algorithmen/19775526.html, Zugriff 19.7.2017
[26] http://www.faz.net/aktuell/feuilleton/buecher/buecher-der-woche/das-metrische-wir-neues-buch-von-steffen-mau-15099755.html, Zugriff 19.7.2017
[27] http://www.faz.net/aktuell/feuilleton/herrschaft-der-algorithmen-die-welt-bleibt-unberechenbar-1996485.html, Zugriff 19.7.2017
[28] https://www.goethe.de/de/kul/med/20628668.html, Zugriff 19.7.2017

Wenn die Kreditwürdigkeit von Personen beurteilt werden soll, dann berücksichtigen die Banken für den Kredit relevante Kriterien und Regeln. Selbst wenn man nach Rezept kocht, befolgt man Regeln, nämlich welche Zutaten wann, in welcher Menge in welcher Reihenfolge verarbeitet werden müssen.

Unser Alltag ist voll von solchen Regeln, also voll von Algorithmen. Algorithmen sind eigentlich nichts Neues. Sie sind *„eindeutige Handlungsvorschriften zur Lösung eines Problems oder einer Klasse von Problemen. Algorithmen bestehen aus endlich vielen wohldefinierten Einzelschritten."* So beschreibt es das Internet-Lexikon Wikipedia.[29] Bei der sogenannten „unheimlichen Macht der Algorithmen" denkt man an Computer, große Datenmengen und intransparente Regeln, also Algorithmen bei deren Verarbeitung. Computer errechnen damit optimale oder zumindest optimierte Vorschläge für Handlungen oder steuern vielleicht die Ereignisse gleich selbst. Sind Algorithmen also die neuen Machthaber?

Algorithmen sind letztlich auch nur technische Objekte, wie Messer, Mixer, Kaffeemaschinen oder Rasenmäher. Diese Objekte haben keinen Sinn in sich selbst. Sie sind Objekte, mit denen man etwas machen kann. Algorithmen sind keine Machthaber, sondern mögliche Machtquellen, indirekte Machquellen.

---

[29] https://de.wikipedia.org/wiki/Algorithmus, Zugriff 19.7.2017

Abb. 12: Algorithmen bestimmen im Alltag unsere Entscheidungen mit. Es sind Regeln, die z.B. zu Verhaltensempfehlungen führen: Ampelstopp, Fahrtroute, Partnerwahl. Algorithmen sind nicht die Gefahr. Gefährlich ist die Bereitschaft, sich ihnen immer kritiklos unterzuordnen.

Offensichtliche Machtquellen sind, wie wir bereits erwähnt, beispielsweise die Fähigkeit eines Machthabers zu belohnen oder zu bestrafen. Wer jedoch glaubhaft machen kann, dass er die entscheidend wichtige Information oder Sachkenntnis hat, kann damit auch Macht ausüben, also seinen Willen durchsetzen. Algorithmen werden benutzt, um eben solch einen Informationsvorsprung oder überlegene Sachkenntnis zu erreichen – oder vorzutäuschen. Wer kennt schon die Kriterien und Regeln, nach denen Amazon einen Kunden vorschlägt, was er noch kaufen sollte? Wer hat Einblick in die Regeln, also Algorithmen nach denen Google dem Nutzer individualisierte Werbung auf dem Bildschirm präsentiert? Und wer würde ernsthaft die Ergebnisse einer Klimasimulation anzweifeln, die vorhersagt, dass eine Katastrophe unausweichlich ist, wenn die Menschheit so weitermacht wie bisher?

Wir treffen Entscheidungen in dem Wissen oder diffusen Gefühl, dass wir nicht alle Informationen dafür zu Verfügung haben, ja gar nicht haben können. Selbst wenn das theoretisch möglich wäre, ist dafür der Aufwand an Zeit und Geld meist zu hoch. Wir können daher nie mit Gewissheit vorhersehen, dass unsere Entscheidungen auch zu den Folgen führen, die wir erwarten. Wir entscheiden unter Ungewissheit und schätzen meist unbewusst die Erfolgswahrscheinlichkeit unserer Entscheidung ab. Algorithmen können helfen, diese Unsicherheit zu reduzieren. Deren Ergebnisse eliminieren bestimmte Handlungsalternativen und lassen andere erfolgreicher erscheinen. Sie sind selektiv. Sie reduzieren damit für uns die Komplexität der Welt.

Im Börsenhandel beispielsweise dominieren automatisierte Entscheidungen schon weitgehend Kauf und Verkauf von Wertpapieren. Man schätzt, dass rund siebzig Prozent des Umsatzes an amerikanischen Börsen automatisiert, also durch Algorithmen durchgeführt werden, dem sogenannten „Algo Trading". In Europa soll es etwa die Hälfte sein. In Suchmaschinen entscheiden Algorithmen, welche Ergebnisse auf der ersten Seite oben gezeigt werden. *„Google-Knowing heißt im Amerikani-*

schen das Halbwissen, bei dem Informationen nicht mehr geprüft, sondern Suchmaschinentreffer als wahr gelten." [30]

Die Entscheidung über die Position wird jedoch von wenigen „Hohepriester der Macht" im Unternehmen vorgegeben und verwaltet. Entscheidend für die Trefferposition ist nicht mehr, ob eine Information wahr ist. Entscheidend ist, wie oft sie von Nutzern der Suchmaschinen aufgerufen wurde, wie „relevant" diese Treffer sind also wie „demokratisch". Wahrheit, Wissenschaft und Expertentum sind jedoch im tiefsten Sinne undemokratisch. Es zählt da nicht, was die meisten Personen für wahr halten, sondern was im wissenschaftlichen Sinne nach aktuellem Stand der Wissenschaft wahr ist.

Algorithmen sind weder moralisch noch unmoralisch sondern amoralisch. Sie haben keine Moral. Sie können nicht verantwortlich sein für ihre Ergebnisse. Verantwortlich sind die Menschen, die ihre Ergebnisse zur Grundlage von Entscheidungen oder Handlungen machen. Verantwortung setzt Personalität voraus.

Algorithmen sind indirekte Machtmittel, deren Ergebnisse von Machthabern benutzt werden können, um die Machtbetroffenen in ihrem Sinne zu beeinflussen, also Macht über sie auszuüben. Macht ausüben, erfordert

---

[30] Spehr, M.: Algorithmen fallen nicht vom Himmel, F.A.Z. 18.7.2017, S. T1

jedoch immer eine Legitimation des Machthabers gegenüber den Machtbetroffen. Diese Legitimation wird mit Algorithmen dadurch erreicht, dass man sich auf Resultate beruft, die von regelhaften Entscheidungsabläufen, automatisch erzeugt worden sind.

Es fehlt nicht an Warnungen. So schreibt der Journalist Marc Felix Serrao in einem Artikel in der Frankfurter Allgemeinen Sonntagszeitung: *„Der Algorithmus ist nicht das Problem. Es ist die Verführung, sich ihm bei jeder Gelegenheit zu unterwerfen"*.[31]

Vier Definitionen von Macht

Wie bereits erwähnt, hat Max Weber eine der bekanntesten Definitionen von Macht formuliert. Es gibt jedoch darüber hinaus immer wieder Versuche, möglichst umfassend – und damit etwas abstrakt – das Phänomen Macht zu definieren. In einen Artikel im philosophischen Magazin *„Hohe Luft"*[32] hat ein Autorententeam vier Definitionen vorgestellt. Jeder der folgenden Formulierungen zeigt einen Machtgebrauch, der immer indirekter und damit unauffälliger wird. Mit X wird der Machthaber bezeichnet, Y ist der Machtbetroffene.

---

[31] Serrao, M. F.: Alles perfekt. Algorithmen sagen uns, was wir sollen, F.A.S. 24.4.2017, S. 21
[32] *Hürter, T., Vasek, Th. (2014): Das Geheimnis der Macht; Hohe Luft 6/2014*

(1) *„X hat Macht über y, wenn X seinen Willen gegen den Widerstand von Y durchsetzen kann."* Hier bleibt der Wille des Machtbetroffenen unberücksichtigt, er wird, wenn nötig, gebrochen.

(2) *„X hat Macht über Y, wenn er Y dazu bringen kann, etwas zu tun, was Y sonst nicht tun würde."* Der Machtbetroffene hätte also etwas anderes getan. Unter dem Machteinfluss entscheidet er sich jedoch für das, was der Machthaber verlangt. Der Machtbetroffene stimmt zu.

(3) *„X hat Macht über Y, wenn X die Werte und Prozesse mitbestimmt, die bei Entscheidungen eine Rolle spielen, bei denen Y mitwirkt."* Hier übt der Machthaber indirekt seine Macht aus. Dies geschieht dadurch, dass er Rahmenbedingungen vorgibt, innerhalb derer der Machtbetroffene entscheiden muss. Oft wird nicht mehr erkannt, dass der Machthaber auf diese Weise den Machtbetroffenen beeinflusst.

(4) *„X hat Macht über Y, wenn X die Wünsche und den Willen von Y mitgestalten kann."* Der Machthaber hat die Wünsche und den Willen des Machtbetroffenen schon so beeinflusst, dass dieser meint, es wären seine Wünsche und seine freie Entscheidung. Das ist, wie die Autoren des Artikels schreiben „ *die*

stille, die unauffällige, die wirkungsvollste Form der Macht". [33]

Macht braucht Legitimation

Nehmen wir an, Sie gehen Samstagnachmittag in die Stadt einkaufen. Plötzlich versperren Ihnen auf der Straße eine Frau und ein Mann den Weg. Sie werden aufgefordert, sich mit Ausweis oder Führerschein auszuweisen. Was machen Sie? Stellen Sie ihre Einkaufstüten ab und zücken Ausweis oder Führerschein? Oder ignorieren Sie die Aufforderung und fordern selbst mit energischer Stimme die beiden auf, ihnen aus dem Weg zu gehen? Sie werden nun vielleicht sagen: „Es kommt darauf an." Wenn die beiden in ziviler Kleidung erscheinen, werden sie entrüstet sein und es als Belästigung und Anmaßung empfinden. Stecken die beiden in Uniformen der örtlichen Polizei, werden Sie vielleicht fragen, warum sie sich ausweisen sollen - um dann ihren Personalausweis oder Führerschein wohl oder übel vorzeigen.

Das Pärchen in Zivil ist nicht berechtigt Sie aufzuhalten, um ihre Personalien festzustellen. Die Polizei darf das. Sie ist dazu legitimiert. Die Polizei hat die Aufgabe, für die Einhaltung der Gesetze zu sorgen und Gesetzesverstößen nachzugehen. Es ist eine Legitimation von außen. Gewissenbisse werden bei dieser Aktion bei den Polizisten wohl kaum auftreten.

---

[33] Hürter, T., Vasek, Th. (2014) Das Geheimnis der Macht, S. 25

Wie aber sieht es aus, wenn Bürger einen öffentlichen Platz besetzen, um gegen ein aus ihrer Sicht nicht notwendiges oder umweltschädliches Bauprojekt zu demonstrieren? Und wenn hier ein Polizist den Befehl erhält, mit seinem Wasserwerfer auf die Besetzer zu spritzen, um sie vom Platz zu verdrängen? Der Polizist kann sich auf den Befehl beziehen und loslegen. Wenn er selbst meint, dass das Bauprojekt sinnvoll ist, steht seine Handlung innerlich nicht im Widerspruch zu seinen eigenen Überzeugungen. Hält er das Projekt jedoch auch für unsinnig und sogar schädlich, hat er einen inneren Konflikt. Als Privatperson würde er dann den Wasserwerfer nicht auf die Besetzer richten. Als Amtsträger wird er jedoch den Befehl ausführen.

Die Besetzer dagegen wissen, dass sie mit der Platzbesetzung rechtswidrig handeln. Aufgrund ihres persönlichen Wertesystems meinen sie jedoch, dass dieser Gesetzesverstoß gerechtfertigt sei. Sie handeln nach dem Motto: Das Ziel rechtfertigt die Mittel. Als freie Bürger hat man immer die Möglichkeit, bewusst gegen Gesetze zu verstoßen. Man hat jedoch nicht die Freiheit, sich vor den Folgen eines Gesetzesverstoßes zu befreien. Die rechtlichen Konsequenzen muss man tragen.

Die Psychotherapeutin Christine Bauer-Jelinek formuliert das mit der Legitimation knapp so: *„Die Legitimation der Machtausübung erfolgt durch eine äußere Instanz der Gesellschaft und/oder durch das individuelle Wertesys-*

tem. Verantwortung ist der Nachweis der Legitimation."[34] Eines ist damit indirekt gesagt: Macht, Machtausübung braucht immer Legitimation, innere oder äußere.

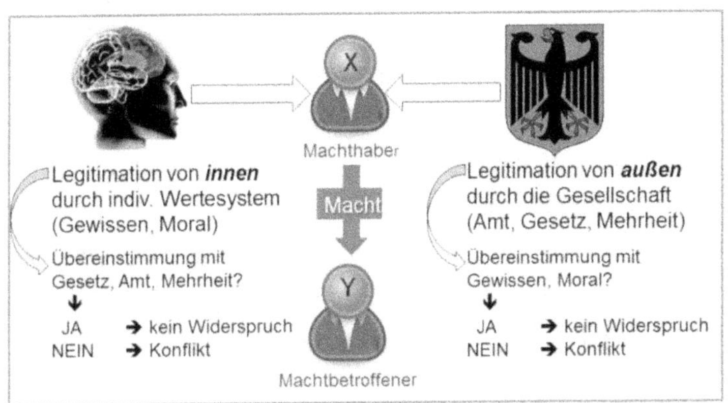

Abb. 13: Macht braucht Legitimation, ansonsten ist sie Willkür. Die innere Legitimation kommt aus Gewissen und Moral. Die äußere Legitimation entsteht aus Gesetzen und anerkannten gültigen Regeln. Innere und äußere Legitimation können sich widersprechen.

Wer eine Rechtfertigung, eine Legitimation für Macht und Machtausübung braucht und streng bibelgläubig ist, hat es recht einfach. Er braucht nur im Neuen Testament im Brief von Paulus an die römische Christengemeinde nachlesen. Dort steht (Römer 13,1): *„Jedermann sei untertan der Obrigkeit, die Gewalt über ihn hat. Denn es ist keine Obrigkeit außer von Gott; wo aber Obrigkeit ist, ist sie von Gott angeordnet. Darum: Wer sich der Obrigkeit widersetzt, der widerstrebt Gottes Anordnung [...] Darum*

---

[34] Bauer-Jelinek, C. (2000): Die helle und die dunkle Seite der Macht, S. 66

ist es notwendig, sich unterzuordnen, nicht allein um der Strafe, sondern auch um des Gewissens willen."[35]

Gewalt ist hier in der Bedeutung von Macht gemeint, nicht mit den negativen Assoziationen wie Unterdrückung oder Willkür. Doch solche Rechtfertigung der Machtausübung durch die „Obrigkeit" akzeptiert heutzutage kaum jemand mehr. Machtkonstellationen sind nicht gottgegeben. Sie sind nicht durch Mythen oder transzendente Mächte unverrückbar zementiert. Zu unserem *„heutigen Verständnis von Macht gehört die Überzeugung, dass Macht 'gemacht 'ist"*[36], also nicht Gottes- sondern Menschenwerk ist. Machkonstellationen sind damit nicht unantastbar. In jeder Gesellschaft oder persönlichen Beziehung sind sie diskussionswürdig, können hinterfragt werden. In diesem Sinne ist jede Macht, ist jeder Machtanspruch immer „fragwürdig". Es ist berechtigt und immer wieder notwendig, die Machtansprüche der Machthaber auf den Prüfstand zu stellen.

Wirkungen der Macht

Wie werden die Wahlmöglichkeiten der Machtbetroffenen eingeschränkt? Vereinfacht Machtgebrauch unser Leben? Welche Risiken geht der Machthaber ein? Wann wird Macht zur Herrschaft oder ist Herrschaft etwas

---

[35] www.die-bibel.de/bibeln/online-bibeln/lutherbibel-2017/.., Zugriff: 30.11.2016

[36] Popitz, H. (1992): Phänomene der Macht, 2. Auflage, S. 15

ganz anderes? Welche Bedeutung hat Organisation für die Herrschaft? Löst der Gebrauch der Macht Probleme oder Konflikte? Mit welchen Schlüsselfragen kann man eine Machtsituation schnell analysieren?

Macht reduziert Alternativen

Es gibt so viele Machtspiele, wie es konkrete Situationen im zwischenmenschlichen Verkehr gibt. Hinzu kommen nicht nur Konflikte zwischen Personen, sondern auch zwischen Personen und Institutionen. Wenn man an Macht denkt, dann kommen fast automatisch auch Begriffe wie Manipulation und Gewalt in den Sinn. Ist Manipulation etwas anderes als Macht? Ist Gewalt ein Machtwerkzeug oder die Bankroterklärung von Macht?

Der US-amerikanische Politikwissenschaftler Robert A. Dahl hat Macht etwas umfassender als Maxi Weber so definiert: *„A hat in dem Maße Macht über B, soweit er B veranlassen kann, etwas zu tun, das B ansonsten nicht tun würde."*[37] Damit ist nichts darüber ausgesagt, mit welchen Methoden oder Strategien der Machthaber A das beim Machtbetroffenen B erreichen will. Allen Methoden oder Strategien ist jedoch eines gemeinsam: Der Entscheidungs- und Handlungsspielraum des Machtbetroffenen B soll im Sinne des Machthabers A eingeschränkt werden.

---

[37] Original: „A has power over B to he extend that he can get B to do something that B would not otherwise do."

Es gibt zwei Enden dieses Spielraums: An einem Ende
steht die Entscheidungsfreiheit, sich freiwillig und aus
Einsicht den Absichten des Machthabers zu beugen. Am
anderen Ende steht der unbedingte Zwang, mit der
Machthaber A jegliche Entscheidungs- und Handlungs-
freiheit des Machtbetroffenen B abschaffen möchte. B
hat dann keine Alternativen mehr. Er muss sich A beugen. Dazwischen gibt es verschiedene Abstufungen.

Man kann folgende grundsätzliche Vorgehensweisen
unterscheiden: Argumentation, Manipulation, Drohung
und Gewalt.

Argumentation

Hier legt der Machthaber offen dar, was er erreichen
möchte und warum. Er begründet seine Absicht und
versucht, durch nachvollziehbare Argumente die andere
Person, den Machtbetroffenen zu überzeugen. Dieser
hat jedoch die Möglichkeit, sich überzeugen zu lassen,
oder auch nicht. Vor- und Nachteile kann er für sich ab-
wägen. Der Entscheidungsfreiraum des Machtbetroffen
ist sehr hoch.

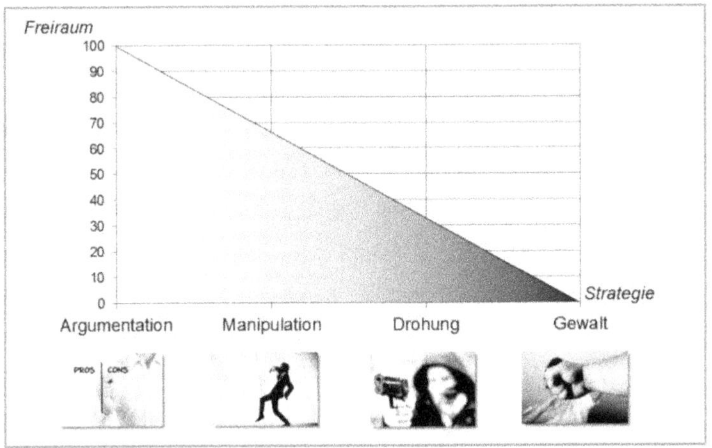

Abb. 14: Wer Macht ausübt, will den Freiraum des Machtbetroffenen einengen. Dies kann z.B. geschehen durch offene Argumentation, versteckte Manipulation, Drohungen und Anwendung von Gewalt. In dieser Reihenfolge nimmt der Freiraum der Betroffen immer mehr ab.

Manipulation

Hier versucht der Machthaber seine wahren Gründe zu verbergen. Der Machtbetroffene soll durch diverse Manipulationstechniken dazu gebracht werden, sich im Sinne des Machthabers zu entscheiden oder zu verhalten. Dabei soll der Machtbetroffene glauben und überzeugt sein, dass es eigentlich seine eigene Entscheidung ist. Der Machtbetroffene ist bildlich gesprochen eine Marionette an den unsichtbaren Fäden des Machthabers. Sein Freiraum, seine persönliche Autonomie ist dadurch unentdeckt eingeengt worden.

Drohung

Hier macht der Machthaber dem Machtbetroffen klar, dass es unangenehme Konsequenzen haben kann, wenn der sich nicht den Absichten des Machthabers beugt und unterordnet. Die Drohung wirkt dann, wenn der Machthaber die Mittel und Wege hat, diese Drohung auch wahr zu machen. Zumindest muss der Bedrohte, also der Machtbetroffene das glauben. Eine Drohung wird dann besonders wirksam, wenn der Machthaber sie beispielsweise bei einer anderen Person wahrgemacht hat und das auch bekannt geworden ist. Als Drohung wäre auch zu verstehen, wenn mögliche Belohnungen nicht gewährt werden für den Fall, dass man sich den Absichten des Machthabers nicht fügt.

Gewalt

Sie ist das ultimative Werkzeug, um jemanden gefügig zu machen. Wer in der Gewalt von jemandem ist, hat keinerlei Freiräume mehr, sich anders zu entscheiden oder anders zu handeln, als der Gewalttäter, also Machthaber das will. Wer Gewalt ausüben will, muss den Machtbetroffen laufend kontrollieren. Der Machthaber kann nicht damit rechnen, dass der Machtbetroffene weiterhin sich seinem Willen beugt, wenn die Gewalt nachlässt. Gewalt kann jedoch auch als ein Mittel verwendet werden, um Drohungen glaubhaft zu machen.

Die Beeinflussungs-Strategien Argumentation, Manipulation und Drohung haben eines gemeinsam: Sie sollen dafür sorgen, dass der Machtbetroffene sich künftig dauerhaft so entscheidet oder verhält, wie der Machthaber das will. Gewalt jedoch ist eine punktuelle einmalige Erscheinung. Mit ihr kann keine dauerhafte Verhaltensänderung im Sinne des Machthabers erreicht werden. Gewalt muss immer wieder angewandt werden. Der Preis der Gewalt ist auch für den Machthaber hoch.

Wenn man Macht etwas enger definieren würde, als die Möglichkeit des Machthabers die Entscheidungen und das Verhalten des Machtbetroffenen dauerhaft im Sinne des Machthabers zu verändern, dann würde Gewalt eigentlich nicht zur Macht gehören. Gewalt ist so etwas wie das Krebsgeschwür der Macht.

Macht reduziert Komplexität

Machtgebrauch und Unterwerfung des Machtbetroffenen unter die Macht des Machthaber haben noch einen Effekt, der nicht sofort offensichtlich wird: Macht reduziert soziale Komplexität und entlastet. Wie funktioniert das?

Nehmen wir eine noch überschaubare einfache Situation in einer Firma: Der Vorgesetzte gibt einem Mitarbeiter die Anweisung, innerhalb der nächsten Viertelstunde einen bestimmten Vorgang zu erledigen. Der Mitarbeiter hätte viele verschiedene Alternativen, in dieser Zeit etwas anderes zu tun. Er könnte Kaffee trinken gehen, E-Mail beantworten, einen Kunden anrufen, mit Kollegen reden. Die Anweisung des Chefs reduziert die Wahlmöglichkeiten des Mitarbeiters, schränkt seine alternativen Handlungsmöglichkeiten ein. Mit der Anweisung wird, so könnte man es auch formulieren, die Welt des Mitarbeiters einfacher, weniger komplex. Er braucht nicht mehr abzuwägen, welches die Vor- oder Nachteile alternativer Handlungen sind. Er braucht nicht einmal mehr zu überlegen, ob es überhaupt sinnvoll und erforderlich ist, diesen Vorgang jetzt sofort zu erledigen. Auch diese Überlegung ist ihm abgenommen worden. Die Komplexität einer, wenn auch hier noch überschaubaren Situation, wird mit der Anweisung des Chefs, durch dessen Machtgebrauch reduziert.

Macht als Kommunikationsmedium

Der Soziologe Niklas Luhmann bezeichnet Macht ein *„generalisiertes Kommunikationsmedium"*. Er stellt es in die Reihe anderer Kommunikationsmedien wie Liebe, Vertrauen, Wahrheit. Was ist damit gemeint? Wenn wir beispielsweise jemandem vertrauen, verzichten wir bewusst darauf, alle Facetten seiner Persönlichkeit zu durchleuchten. Wir vereinfachen und beschleunigen damit die Kommunikation mit ihm. Wenn wir jemanden unsere Liebe gestehen, dann liefern wir damit umfangreiche Assoziationen und Erwartungen mit, ohne dass wir das ausdrücklich aussprechen müssen. Wenn wir

74

behaupten, eine Aussage entspreche der Wahrheit und die andere Person glaubt das, dann verzichtet diese Person auf die eigene Nachprüfung der Fakten.

Durch die Anwendung von Macht werden Entscheidungssituationen vereinfacht. Einmal, indem wir uns einem Machtanspruch unterwerfen oder aber selbst Macht ausüben. Nach einem „Machtwort" enden Diskussionen. Man nimmt dann an, dass der Machthaber die Einflussfaktoren, die Vor- und Nachteile seiner Entscheidung geprüft und abgewogen hat. Wenn man als Machtbetroffener die Entscheidung akzeptiert, hat man für sich selbst die Welt etwas vereinfacht, hat die Komplexität für sich reduziert. Daher kommt es auch, dass in einer immer komplexer werdenden Welt nach einem „starken Mann" oder einer „starken Frau" gerufen wird. Das eigene Urteil kann dann suspendiert werden. Der Machtbetroffen kann auch die Verantwortung abgeben – eben auf den Machthaber.

Luhmann drückt das als Soziologe etwas verklausuliert so aus: *„Die Funktion eines Kommunikationsmediums liegt in der Übertragung reduzierter Komplexität. [...] Macht ist wie jedes andere Kommunikationsmedium als Beschränkung des Selektionsspielraums des Partners zu sehen."*[38] Macht ist für Luhmann ein wirkmächtiger sogenannter Sprach-Code. *„Einschränkung des Selektions-*

---

[38] Luhmann, N. (2012): Macht, S. 18-19

spielraumes" bedeutet nichts anderes, als dass bestimmte Handlungsalternativen unwahrscheinlicher werden, als sie bisher waren, eben durch die Nutzung von Machtmitteln.

Verweigerung der Machtausübung

Nun ist es jedoch keineswegs so, dass jede Person, die potentiell Macht ausüben könnte, dies will und tut. Denn auch der Machthaber geht ein erhebliches Risiko ein. Ihm werden zwar die Erfolge zugerechnet, aber auch die Misserfolge. Und nicht selten werden dem Machthaber Motive, auch zweifelhafte Motive für sein Verhalten und seine Beeinflussung unterstellt, die aus seiner Sicht nicht zutreffen. Daher kommt es vor, dass jemand als Machthaber sich eigentlich für eine bestimmte Vorgehensweise entscheiden sollte, dies aus Furcht vor möglichen Misserfolgen nicht tut. Man „lässt es laufen". Entscheidungsunfähigkeit aus Angst vor den möglichen negativen Konsequenzen für den Machthaber tritt auf allen Machtschauplätzen auf: in der Familie, in Unternehmen, in Vereinen, in der Politik, in den kirchlichen Organisationen, zwischen Parteien und Staaten.

Es kann beispielsweise für einen Mitarbeiter in einem Unternehmen äußerst frustrierend sein, wenn sein Chef seine Entscheidungsmacht nicht nutzt, obwohl in einer bestimmten Situation nur er die Entscheidung treffen kann oder darf. Wenn dies öfters passiert, wird der Vor-

76

gesetzte nach und nach den Respekt seiner Mitarbeiter verlieren. Daraus folgt: Wer durch Amt oder Funktion Macht zugesprochen bekommt aber sie nicht nutzt, wird irgendwann machtlos sein.

Macht ermöglicht Herrschaft

Macht ist, wie der Soziologe Max Weber, definierte *„jede Chance, innerhalb einer sozialen Beziehung den eigenen Willen auch gegen Widerstreben durchzusetzen, gleichwohl worauf diese Chance besteht."* Mit einer sozialen Beziehung ist eine direkte Beziehung zwischen dem Machthaber und den Machtbetroffenen gemeint. Also Vorgesetzter zu Mitarbeiter, Elternteil zu Kind. Beide, sowohl der Machthaber als auch der Machtbetroffene sind als Individuen identifizierbar.

Herrschaft, Gehorsam und Disziplin

Was ist nun der Unterschied zur Herrschaft? Auch hier eine oft zitierte Definition von Weber: *„Herrschaft soll heißen die Chance, für einen Befehl bestimmten Inhalts bei angebbaren Personen Gehorsam zu finden."* Zwei Begriffe tauchen auf, die bisher nicht betrachtet worden sind: Befehl und Gehorsam. Der Duden beschreibt einen Befehl recht knapp als *„mündlich oder schriftlich gegebener Auftrag, der genau befolgt werden muss; Anordnung eine Vorgesetzten, einer höheren Instanz".*[39] In

---

[39] http://www.duden.de/rechtschreibung/Befehl, Zugriff 1.6.2017

Wikipedia steht über Gehorsam, sie *„bedeutet die Unterordnung unter den Willen einer Autorität, das Befolgen eines Befehls, die Erfüllung einer Forderung oder das Unterlassen von etwas Verbotenem. Die Autorität ist meistens eine Person oder eine Gemeinschaft, kann aber auch eine überzeugende Idee, ein Gott oder das eigene Gewissen sein."* [40]

Bei der Herrschaft ist es also nicht erforderlich, die Beherrschten alle als Individuen einzeln zu kennen. Sie müssen jedoch anhand bestimmter Kriterien einer Gruppe, einer sozialen Einheit zugeordnet werden können. Es müssen „angebbare Personen" sein. Der Papst herrscht über die Katholiken (Kriterium = katholisch), der General über die Soldaten (Kriterium = Soldat in der Armee des Generals), der Chef herrscht über die Mitarbeiter (Kriterium = Mitarbeiter in der Firma des Chefs).

Eng verbunden mit dem Begriff Gehorsam ist die Disziplin. Darunter versteht man im psychologischen Sinne die eingeübte freiwillige oder erzwungene Unterordnung. Der Psychologe Werner Stangl definiert Disziplin so: *„Sie ist die Lehre des Gehorsams sowie die Unterwerfung des Einzelnen, um ein geordnetes Zusammenleben zu ermöglichen."* [41]

---

[40] https://de.wikipedia.org/wiki/Gehorsam, Zugriff 1.6.2017
[41] http://www.stangl.eu/psychologie/definition/Disziplin.shtml, Zugriff 1.6.2017

Es gibt natürlich auch ein Gehorsam gegen sich selbst. Wer seine Vorsätze einhält, wer seine Ziele trotz vielfältiger Ablenkungen konsequent verfolgt, der übt Selbstdisziplin aus. Das ist sicherlich positiv zu sehen. Die negativen Seiten sind: sklavische Gefolgschaft, Blindheit gegegenüber Handlungsalternativen, stupide unkritische Übernahme von Befehlen. Ohne Disziplin ist eine Gesellschaft nicht vorstellbar. Jeder würde seinen augenblicklichen Wünschen und Bedürfnissen nachgehen. Es würden keine (disziplinierenden) Regeln eingehalten werden.

Herrscher und Herrschaft

In den Geschichtsbüchern über das Mittelalter findet man Herrscher und Herrschaft oft gleichgesetzt, mit einer konkreten Person verbunden. Sie waren eng aufeinander bezogen. Herrschaft beispielsweise über das Volk wäre damit immer mit einer konkreten Person verknüpft. Doch wenn ein Herrscher eines natürlichen Todes starb oder getötet wurde, trat ein anderer an dessen Stelle. Was auch nach dem Tod des vorherigen Herrschers bestehen blieb, war die Organisation, die Verwaltung, die Personen, die das administrative Tagesgeschäft bewältigt haben.

Dies gilt auch in heutigen Demokratien. Regierungen werden gewählt und abgewählt. Stabilität verleiht ein qualifiziertes Beamtentum, verleihen Gesetze und Verordnungen, die auch bei einem Regierungswechsel weiter bestehen bleiben. Auch wenn zum Beispiel ein Vorstandsvorsitzender einer Aktiengesellschaft geht oder „abgesägt" wird, bricht das Unternehmen nicht zusammen. Die Organisation ist die Klammer, die alles zusammenhält.

Herrschaft, so kann man folgen, wird heutzutage mittels mehr oder weniger anonymen Organisationen ausgeübt. Sie ist entpersonalisiert, also nicht mehr an eine konkrete Person gebunden, die formell an der Spitze dieser Organisation steht, ob Staat oder Firma. Was nicht heißt, dass sich manche Vertreter von Organisationen so aufführen, als ob sie Herrscher im mittelalterlichen Sinne wären.

Historisch läuft die Entwicklung von der Hausherrschaft (Hausherr über Hausgenossen), Grundherrschaft (Freie über Unfreie), Feudalismus (Adel über Vasallen) zu demokratischen Staaten (gewählte Regierung über Staatsbürger). Wobei ein Staat sich mindestens durch drei Kriterien definiert: Monopolisierung der physischen Gewalt durch Polizei oder Militär, Organisation des Wissens, also Verwaltung und Bürokratie und geographische Grenzen. Wissen kann Fachwissen, Dienstwissen aber auch Geheimwissen sein. Herrschaft im Alltag wäre damit vorwiegend Verwaltung. Sie wird meist gar nicht mehr als Herrschaft wahrgenommen.

Ein Machthaber setzt Machtmittel für eigene Zwecke oder Ziele ein. Wenn es sein muss, bricht er den Widerstand der Machtbetroffenen. Bei einer Herrschaft wird ein sozialer Verband, ob Staat, Land, Gemeinde, Verein oder Firma durch Regeln und Konventionen gelenkt. Herrschaft benutzt „datensetzende Macht", setzt also Rahmenbedingungen innerhalb derer sich die Personen im Herrschaftsbereich entscheiden und verhalten müssen. Die Regeln sind zu beachten. Regelverstöße werden bestraft.

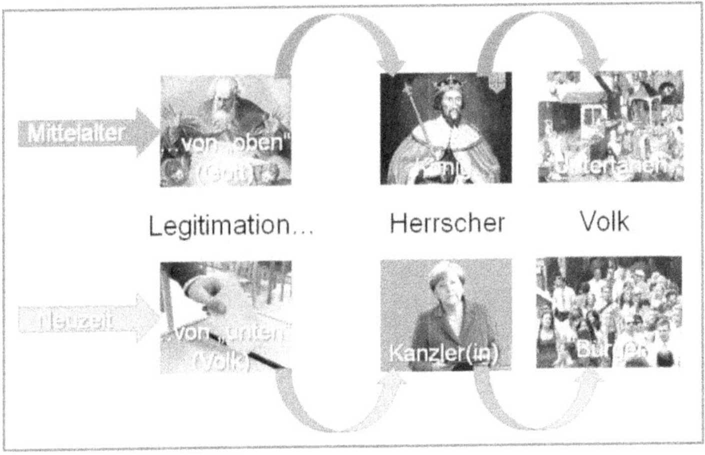

Abb. 15: Legitimation von Herrschaft kam im Mittelalter "von oben", von Gott. Legitimation für Herrschaft in Demokratien kommt "von unten", von den Bürgern. Herrschaft ist entmythologisiert und auch entpersonalisiert. Herrscher können wechseln. Die (Beamten-) Organisation bleibt bestehen.

Herrschaft braucht Zustimmung

Eine Frage bleibt noch zu beantworten: Warum akzeptieren Menschen die Herrschaft, ordnen sich unter? Sie akzeptieren Herrschaft durch einen bestimmten Herrschaftsapparat mit seinen Vertretern so lange, wie der empfundene Nutzen aus der Unterordnung größer ist als die Einschränkungen durch diese Unterordnung. Das muss nicht unbedingt immer ein finanzieller Nutzen sein: Sicherheit, Berechenbarkeit, Effektivität, Arbeitsteilung oder Entlastung von Entscheidungen und Verantwortung werden von vielen Personen sehr hoch bewertet. Es ist bequem, manche Entscheidungen auf die Organisation (Staat, Land, Gemeinde, Versicherungen etc.) abzuwälzen. Wenn es schief geht, hat man zumindest einen Sündenbock.

Herrschaft erfordert Legitimation und auch Zustimmung von den Beherrschten. Es muss nicht die individuelle Zustimmung der konkreten beherrschten Personen sein. Die meisten Gesetze wurden in Demokratien von Regierungen gemacht, die von Bürgern gewählt worden sind, die vor einem selbst gelebt haben. Dennoch sind sie auch für die aktuelle Generation gültig. Man kann sich beispielsweise zwar als „Reichsbürger" sehen, und die Legitimität der Bundesrepublik Deutschland infrage stellen. Dennoch gelten die aktuellen Gesetze auch für diese Personen.

Herrschaftsbeziehungen können also nicht so ohne weiteres gekündigt werden. Sie sind nicht durch einen individuellen Vertrag zwischen Beherrschtem und Herrschaft(-Apparat) zustande gekommen. Sie beruhen auf kollektiven Vereinbarungen, entstanden durch die Entscheidungen der Repräsentanten der Bürger des betreffenden Staates. Selbst ein Staatenloser, der in einem bestimmten Staat lebt, ist an dessen Gesetze gebunden. Und heutzutage gilt: Über den Gesetzen des Staates steht kein Gesetz Gottes. Herrschaft ist entmythologisiert. Im Mittelalter kam die Legitimation der Herrschaft von oben, von Gott. In heutigen Demokratien kommt sie von unten, vom Volk.

Dennoch kommen verschiedene Herrschaftstypen auch heute noch vor. Einmal ist es die charismatische Herrschaft. Sie erhält ihre Legitimität durch die Fähigkeiten des Führers, der charismatischen Person. Dann gibt es die traditionelle Herrschaft. Ihre Legitimation bezieht sie aus der Vergangenheit. Es war immer schon so. Und in heutige Zeit herrscht (zumindest in den entwickelten Staaten) die formal legale Herrschaft vor. Ihre Legitimation zieht sie aus den Gesetzen, also einer gesetzten Ordnung. Nur diese Art der Herrschaft gibt für die Beherrschten bzw. Bürger genügend Erwartungssicherheit.

Herrschaft wäre hier, wie die Soziologin Andrea Maurer schreibt, ein *„sozialer Koordinationsmechanismus bei* *gemeinsam geteilten Zwecken."* [42] *"Allen Herrschaftsformen ist jedoch das Problem gemein, Herrschaftsagenten einzusetzen und mit Herrschaftsmitteln auszustatten zu müssen, damit diese ihre primäre Aufgabe erfüllen können, wobei es aber keine Garantie gibt, das diese immer im Sinne des Herrschaftsverbandes oder der sie einsetzenden Gruppe handeln (...) Das bedeutet, aber nichts anderes, als dass Herrschaft zumeist durch Anreize, Kontrollen oder/und Normen und Kultur gerahmt werden muss."*[43]

Gegenüberstellung Macht und Herrschaft

Den Unterschied zwischen Macht und Herrschaft erkennt man deutlicher, wenn man sich einige Fragen stellt, und die aus der Macht- und Herrschaftsperspektive beantwortet.

Wer übt Macht bzw. Herrschaft aus? Macht wird von einer Person ausgeübt, dem Machthaber. Er handelt für sich selbst, in seinem Interesse. Herrschaft wird durch Institutionen ausgeübt. Sie wird nur stellvertretend von einer Person wahrgenommen. Die Person handelt im Auftrag der Institution.

Können die Macht-/Herrschaftsmittel beliebig sein? Der Machthaber ist frei in der Wahl seiner Machtmittel. Er

---

[42] Maurer, A.: Herrschaftsordnungen, in: Imbusch, P. (2012): Macht und Herrschaft, S. 371
[43] Ebd. S. 374

kann sie variieren ja nach Wirksamkeit auf den Machtbetroffenen. Bei Herrschaft sind die Funktionsträger der Herrschaft gebunden an Regeln der Institution. Willkür in der Wahl der Machtmittel soll dadurch ausgeschlossen werden.

Müssen die Betroffenen persönlich bekannt sein? Macht ist personalisiert. Es besteht eine individuelle Beziehung zwischen dem Machthaber und den Machtbetroffenen. Herrschaft ist anonym. Die Herrschaft ausübenden Personen brauchen die beherrschten Personen nicht persönlich kennen.

Welche Konsequenzen hat es für die Betroffenen? Bei der Machtausübung kann es sowohl positive (Belohnung) als auch negative (Bestrafung) Konsequenzen haben, wenn der Machtbetroffene sich fügt bzw. nicht fügt. Bei der Herrschaft wird selten belohnt, wenn man sich an die Regeln hält. Überwiegend sind mit negativen Konsequenzen zu rechnen, wenn gegen Gesetze und Regeln verstoßen wird.

Was ist das Ziel von Macht-/Herrschaftsausübung? Ziel der Machtausübung ist es, Personen für Zwecke und Ziele des Machthabers einzusetzen. Ziel der Herrschaft ist es, einen sozialen Verband durch Regeln oder Konventionen zu lenken.

Revolutionen richten sich in der Regel gegen konkrete Personen. Es soll zur Machtergreifung durch die Revolutionäre führen. Sind die bisherigen Machthaber außer Gefecht gesetzt, gibt es keine Subjekte mehr, gegen die man revoltieren könnte. Es geht dann darum, das Erreichte zu sichern und zu festigen. Das ist nur durch Herrschaft möglich. Denn Herrschaft bedeutet ja die Lenkung eines sozialen Verbandes durch Regeln. Auf eine Revolution folgt immer Herrschaft durch die Revolutionäre. Und dazu braucht man die Beamten, die bisher dem weggefegten Herrschern gedient haben.

Kriterium	Macht	Herrschaft
Ausübender	Machthaber für sich selbst	Person im Auftrag der Institution
Mitteleinsatz	Steht im Belieben des Machthabers	Von der Institution vorgegeben, erlaubt
Individualisierung	Machthaber kennt die Machtbetroffenen	Beherrschte müssen nicht persönlich bekannt sein.
Konsequenzen	Positive (Belohnung) oder negative (Bestrafung)	Meist nur negative bei Regelverstoß
Ziel	Interessen des Machthabers dienen	Lenkung eines sozialen Verbandes durch Regeln

Abb. 16: Herrschaft ist dauerhaft organisierte Macht. Auch ein Herrscher (ob König oder Kanzler) ist an Regeln gebunden. Macht dient dem Machthaber. Herrschaft dient zur Lenkung eines sozialen Verbandes.

Macht löst Konflikte

In allen Machtsituationen ist mindestens ein Problem enthalten. Das Problem kann darin bestehen, dass man ein bestimmtes Ziel anstrebt, jedoch dazu Hindernisse überwinden muss. Es kann darin bestehen, dass man bei einer anderen Person ein bestimmtes Verhalten erreichen möchte. Es kann darin bestehen dass der Zugang zu Ressourcen versperrt ist, die man selbst gerne haben oder nutzen möchte. Es kann darin bestehen, dass eine Kooperation aufgekündigt wird und man die bisher gemeinsam genutzten Ressourcen jetzt aufteilen muss. Der Phantasie welche Probleme auftreten könnten, sind keine Grenzen gesetzt.

Ein Problem mag zwar manchmal vielschichtig und komplex erscheinen. Jedes Problem lässt sich jedoch in zwei Komponenten zerlegen: das Ziel, das erreicht werden soll und Hindernisse, die der Zielerreichung entgegenstehen. Die „Problemformel" lautet daher: Problem ist gleich Ziel mal Hindernis. Wenn man keine Ziele hat, die man erreichen möchte, dann hat man auch keine Probleme. Und wenn zur Zielerreichung keine Hindernisse überwunden werden müssen, hat man auch keine.

Probleme im hier betrachteten Sinne sind reine Sachprobleme. Wenn jemand etwas haben will und dieser Jemand hat aktuell das nötige Geld nicht, dann kann er es eben nicht kaufen. Hindernis ist das fehlende Geld. Das Hindernis könnte hier auf verschiedene Weise beseitigt werden, beispielsweise: bewusster Verzicht auf den Gegenstand; Konto überziehen, falls das möglich ist; Gegenstand nicht kaufen, sondern mieten oder leasen; Geld ansparen und dann kaufen etc.

Ein Problem wird zu einem Konflikt, wenn andere Personen dabei beteiligt sind. Und dann kommt das Thema Macht ins Spiel. Man kann Konflikte mit anderen Personen in folgende Kategorien unterteilen: Konkurrenz, Eroberung und Dissens.[44]

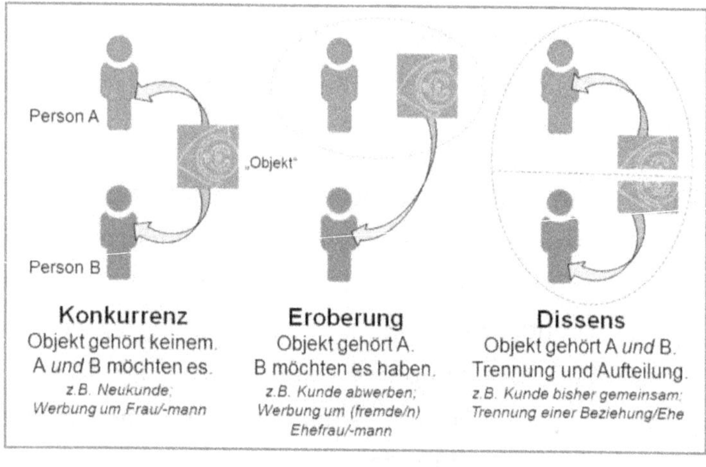

Abb. 17: Die Psychotherapeutin Bauer-Jelinek unterscheidet drei grundsätzliche Konflikttypen: Konkurrenz, Eroberung und Dissens. Probleme kann man sachlich lösen. Konflikte müssen über Macht entschieden werden. Hinter Sachproblemen können sich jedoch auch Machtfragen verbergen.

Konkurrenz

Hier gehört das begehrte Objekt (oder Subjekt) noch keinem der konkurrierenden Personen oder Parteien. Es könnte beispielsweise eine Versteigerung sein, ein Kun-

---

[44] Bauer-Jelinek C. (2000): Die helle und die dunkle Seite der Macht, S. 61-63

88

de, den man vor dem Mitbewerber gewinnen möchte aber auch eine Person des anderen Geschlechts, ob Mann oder Frau, der oder die nicht in einer Partnerschaft gebunden ist.

Eroberung

Hier gehört das begehrte Objekt (oder Subjekt) bereits einer anderen Person oder Partei. Man selbst möchte es jedoch haben. Es könnte die Abwerbung eines Kunden sein, der bisher beim Wettbewerber gekauft hat, die Position, die der aktuelle Vorgesetzte einnimmt oder die verheirate Frau bzw. der verheirate Mann, die oder den man selbst begehrt.

Dissens

Hier wurde das begehrte Objekt bisher gemeinsam genutzt. Das könnte der gemeinsame Haushalt oder das gemeinsam erworbene Vermögen sein, dass bei einer Scheidung aufgeteilt werden muss, das Sorgerecht für die gemeinsamen Kinder, das Gemeinschaftsunternehmen, bei dem die Geschäftspartner künftig getrennte Wege gehen möchten.

Wenn es also um Macht geht, dann besteht nicht nur ein reines Sachproblem, das nach objektiven Kriterien gelöst werden kann. Konflikte können nur gelöst werden über Machtfragen. „Nun bleiben Sie mal sachlich", wäre daher bei Konflikten eine ganz unpassende Bemerkung.

Machtfragen werden nie nur sachlich gelöst. Allerdings verbergen sich auch hinter vermeintlich reinen Sachproblemen sehr oft persönliche Interessen. Daher ist es sehr sinnvoll, auch bei Sachproblemen nach den Machtkonstellationen zu fragen.

Schlüsselfragen zur Machtanalyse

Wie die zurückligeden Ausführungen gezeigt haben, kann man das Phänomen Macht unter verschiedenen Gesichtspunkten betrachten und in unterschiedlichen Kategorien einordnen. Für die praktische Analyse einer Machtsituation ist es hilfreich zu klären, a) welcher Bereich betroffen ist, also der Machtschauplatz und b) welches Medium zur Durchsetzung des Machtanspruches verwendet wird. Machtschauplätze können geographisch (z.B. Staatsgrenzen) oder organisatorisch (z.B. Markt) abgegrenzt werden. Mit diesen beiden Kriterien kann man eine Machtmatrix erstellen.

Folgende Machtschauplätze werden unterschieden: Haus, Markt, Burg und Tempel. Sie wurden schon besprochen. Und als Machtmedien sollen hier verwendet werden: Belohnung, Bestrafung, Identifikation, Manipulation, Information, Wissen und Funktion. Mit dieser Kombination von vier Machtschauplätzen und sieben Machtmedien oder –mittel kann man achtundzwanzig Machtfelder identifizieren. Das sind die „Machtspielfelder".

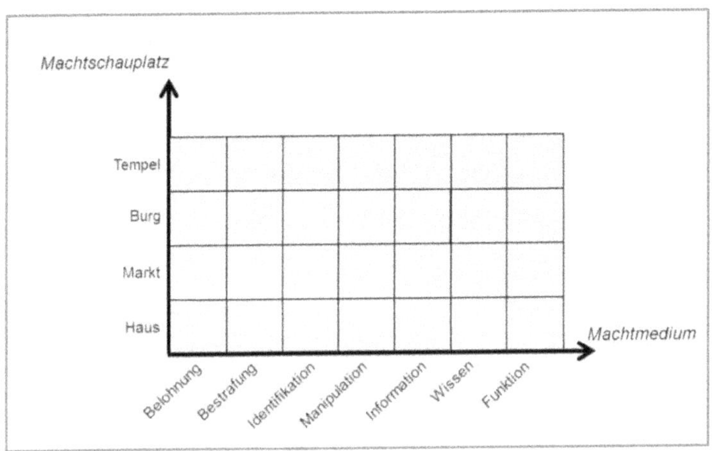

Abb. 18: Mit den vier Machtschauplätzen und den sieben Machtmedien kann eine Macht-Matrix erstellt werden. In ihr befinden sich 4x7 = 28 Machspielfelder. Legt man diese Kriterien an, kann eine Machtsituation in eines der Felder eingeordnet werden.

Nehmen wir einmal einen Vorgesetzten in einem Unternehmen, der sich gegenüber einem konkreten Mitarbeiter durchsetzen möchte. „Sich durchsetzen wollen" bedeutet, gegen jemanden anderen einen Machtanspruch erheben. Das Unternehmen agiert auf dem Machtschauplatz „Markt". Der Vorgesetzte ist der Machthaber oder das Machtsubjekt (manche Autoren nennen ihn auch Ego, also Ich). Der konkrete Mitarbeiter ist der Machtbetroffene oder das Machtobjekt (manche Autoren nennen ihn auch Alter, also der Andere als Gegenüber von Ego). Der Chef kann belohnen (finanziell oder durch Lob). Er kann bestrafen (finanziell oder durch Tadel). Er kann durch sein Vorbild, also über Identifikation beeinflussen. Er kann den Mitarbeiter manipulieren, ein Informationsmonopol nutzen oder mit seinem Wissen den Mitarbeiter beeinflussen. Häufig werden auch die formale Funktion und die hierarchische Stellung im Unternehmen ausgenutzt, um Mitarbeiter in die gewünschte Richtung zu lenken oder zu drängen.

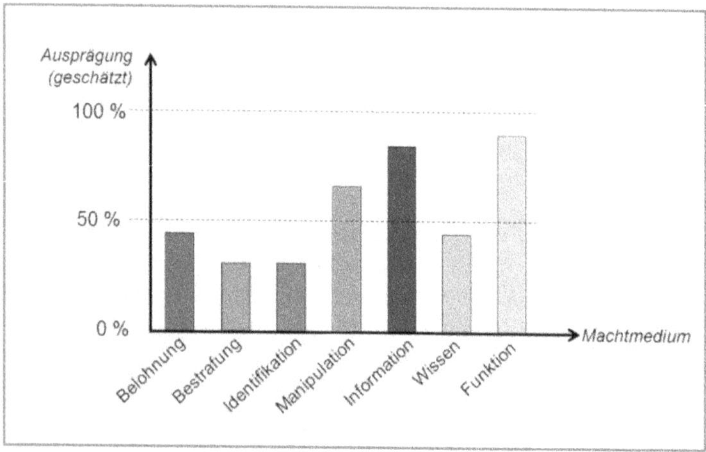

Abb. 19: Hat man den Machtschauplatz identifiziert (hier steht das Unternehmen für den Markt), dann kann man schätzen, wie stark vom Machthaber (hier der Chef) die Machtmedien gegenüber dem Machtbetroffenen (hier der Mitarbeiter) eingesetzt werden. Manipulation, Information und formale Funktion/Stellung dürften die bevorzugten Machtmedien des Chefs sein.

Manipulation, Informationsvorsprung und formale Stellung dürften die Machtmedien sein, die ein Vorgesetzter sehr häufig einsetzt. Wenn man abschätzt, in welchem Umfang die einzelnen Machtmedien üblicherweise oder

92

in einer konkreten Situation vom Chef eingesetzt werden (können), ist es möglich die Situation graphisch in einem Balkendiagramm darzustellen.

Der Mitarbeiter ist zwar aus der Sicht des Chefs der Machtbetroffene. Jedoch ist er im Machtspiel nicht grundsätzlich nur der Unterlegene. Er hat auch Möglichkeiten, seinen Vorgesetzten zu beeinflussen. Damit werden der Mitarbeiter zum Machthaber oder Machtsubjekt und der Vorgesetzte zum Machtobjekt. Die Rollen sind nun vertauscht. Über Belohnung oder Bestrafung wird kaum Einfluss von Mitarbeiter auf Chef möglich sein. Einem Mitarbeiter bleiben daher oft hauptsächlich die beiden Machtmedien Manipulation und Wissen als wirkungsvollste Instrumente, um Vorgesetzte zu lenken.

Nochmals anders sieht das Machtprofil eines Elternteils aus. Belohnung, Bestrafung und Manipulation gehören sicherlich zu den Machtmitteln, die von Eltern am häufigsten eingesetzt werden. Teilweise kann man sich auch auf das überlegene Wissen und die Lebenserfahrung beziehen, um Kinder zu etwas zu bewegen.

Aus der Kurzanalyse der beiden Machtsituationen Chef und Mitarbeiter kann man schon folgendes Erkennen: Jeder Machthaber ist zugleich auch Machtbetroffener und umgekehrt. Das bedeutet jedoch nicht, dass ein Machtgleichgewicht herrscht.

Mit Chef und Mitarbeiter haben wir Machspiele betrachtet, in denen nur natürliche Personen beteiligt sind. Machtobjekte, also Machtbetroffene können auch Organisationen sein. Damit würde sich hinter der Machtmatrix für Personen eine weitere Machtmatrix für Organisationen stellen. Auch hier können, je nach Machtkonstellation, die einzelnen Machtmedien verschieden stark eingesetzt werden.

Während ein Unternehmen mehr Möglichkeiten hat, durch Belohnung und Bestrafung die Mitarbeiter zu lenken, wird ein gemeinnütziger Verein seine Vereinsmitglieder mehr über Identifikation zu lenken versuchen. Wobei auch hier die immaterielle Belohnungen durch Anerkennung, Lob und „sich gut fühlen" nicht zu unterschätzen sind. Organisationen handeln durch Personen, die als Funktionsträger in dieser Organisation arbeiten und sie vertreten können. Sie können auf natürliche Personen innerhalb und außerhalb der Organisation einwirken oder auch auf andere Organisationen.

Die Analyse einer Machtsituation, eines konkreten Machspiels ist mit vertretbarem Aufwand möglich. Dazu gibt es fünf Schlüsselfragen, die zur Klärung beitragen. Die Antworten können nicht mit mathematischer Genauigkeit gegeben werden. Sie sind jedoch eine praktisch verwertbare Annährung an die konkrete Machtsituation.

1.   Wer ist Machthaber?

2.	Wer ist Machtbetroffener?
3.	Auf welchem Machtschauplatz wird gespielt?
4.	Welche Machtmedien werden eingesetzt?
5.	Was will der Machthaber eigentlich erreichen?

Rückblick und Ausblick

Auf welchen Machtspielfeldern spielen David, Goliath und das tapfere Schneiderlein? Ist Macht gut oder böse? Wäre eine macht- und herrschaftsfreie Gesellschaft wünschenswert?

Märchen in der Macht-Matrix

Kommen wir zum Schluss nochmals zurück auf die biblische Geschichte von David und Goliath. Wie sieht die Situation aus? Goliath ist körperlich haushoch überlegen. Wirksamstes Machtmittel von Goliath ist Bestrafung. David ist schmächtig.

Er weiß jedoch, wo die Schwachstellen von Goliath liegen: dessen Kopf und Behäbigkeit. Wirksamstes Machtmittel von David ist nicht seine Hirtenschleuder, sondern sein Wissen. Das Machtspiel lautet hier: Kraft gegen Wissen. Und wie die Geschichte zeigt, siegt das Wissen. Die Überheblichkeit und Ignoranz des Starken ist dessen Schwäche. Das ist die Chance des scheinbar Unterlegenen. Hätte David das gleiche Machtmedium gewählt, das Goliath zur Verfügung stand, nämlich Bestrafung durch körperliche Überlegenheit, wäre David der sicherer Ver-

lierer gewesen. Wenn man beachtet, dass der Machtschauplatz die „Burg" ist, kann man die Situation David
gegen Goliath in eine Macht-Matrix einordnen.

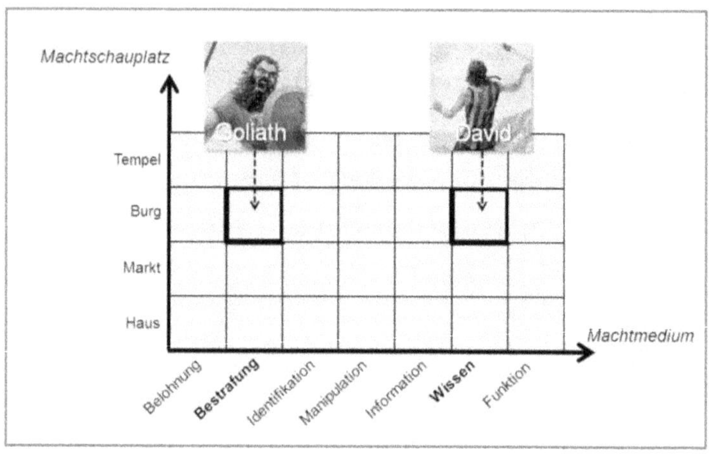

Abb. 20: Am Beispiel von David und Goliath sieht man, dass sie sich in verschiedenen Machspielfeldern bewegen. Hätte sich David im Machtspielfeld von Goliath messen wollen, wäre seine Niederlage sicher gewesen.

Wie sieht die Situation beim tapferen Schneiderlein aus?
Der Schneider überschätzt sich, weil er sieben Fliegen
totgeschlagen hat. Die Umwelt lässt sich durch den Text
auf dem Gürtel täuschen. Doch erst dadurch kommt der
Schneider in Situationen, in denen er sich bewähren
kann. Er lässt sich nie auf einen direkten Vergleich ein,
wie es normalerweise erwartet wird. Durch List besteht
er die verschiedenen Wettbewerbe mit dem Riesen und
übersteht auch die Prüfungen des Königs. Der Schneider
„verkauft" seine vermeintlichen Fähigkeiten und wird

zum Schluss belohnt. Der Machtschauplatz ist der Markt. Machtmittel sind Manipulation und Wissen.

Ausblick

Die Geschichten von David und Goliath und vom tapferen Schneiderlein zeigen, dass Macht nicht unbedingt mit überwältigender Kraft zu tun hat. Wer sich in einem Machtmedium unterlegen fühlt, kann sich nicht auf einen direkten Vergleich in diesem Machtfeld einlassen. Eine Niederlage wäre gewiss. Um zu bestehen, muss man sich ein Machtfeld suchen, bei dem man überlegen ist. Machtspiele werden immer und überall gespielt. Wobei jeder Machthaber auch immer zugleich Machtbetroffener ist. Die Machtmittel sind jedoch nicht immer gleich verteilt sind.

Macht ist weder gut noch böse. Es hängt von ihrem Gebrauch ab. Macht ist weder moralisch noch unmoralisch sondern nur amoralisch, weil es keine Moral der Macht gibt. Es gibt nur eine Moral für die Machthaber oder Machtbetroffenen, also die handelnden Personen.

Macht wird gehasst, wenn sie uns einschränkt und zu Entscheidungen und Handlungen führt, die wir eigentlich gar nicht wollen. Macht wird geliebt, wenn sie uns hilft, unsere Ziele zu erreichen und das Beste für unsere Mitmenschen zu verwirklichen. Wer eine machtfreie Gesellschaft will, verzichtet auf Fortschritt. Denn Fortschritt braucht die Macht, die fortschrittlichen Ideen und Konzepte auch umzusetzen. Wer eine herrschaftsfreie Gesellschaft will, verzichtet auf Stabilität. Denn Stabilität braucht Regeln. Verstöße gegen die anerkannten Regeln dürfen nicht geduldet werden. Und das kann nur durch den Gebrauch von Macht gewährleistet werden.

Macht, ist von Menschen gemacht! Deshalb sind Machtverhältnisse nicht für alle Ewigkeit fest zementiert. Sie können immer infrage gestellt werden. Sie werden dadurch jedoch nicht abgeschafft. Es entsteht kein machtfreier gesellschaftlicher Raum. Überholte Machtverhältnisse werden lediglich durch andere neue ersetzt. Denn das Phänomen Macht durchdringt alle Beziehungen. Macht ist ein gesellschaftliches Chamäleon. Sie kann ihr Erscheinungsbild ändern. Deshalb wird sie nicht immer sofort erkannt.

Literaturverzeichnis

Anter, A. (2012). *Theorien der Macht.* Hamburg: Junius Verlag.

Autorenteam. (2009). *Herrschaft und Macht.* Abgerufen am 09. 05. 2017 von www.politischebildung.com: http://www.politischebildung.com/pdfs/31_printvers ion.pdf

Bauer-Jelinek, C. (2000). *Die helle und die dunkle Seite der Macht.* Wien: Edition va bene.

Becker, G. S. (1993). *Ökonomische Erklärung menschlichen Verhaltens.* Tübingen: Mohr.

Berger, W. (2009). *Macht.* Wien: Facultas.

Bierschenk, T. (2003). *Zu einem emprisch verwendbaren Begriff der Macht.* Working Papers Nr. 24, Johannes Gutenberg-Universität, Institut für Ethnologie und Afrikastudien, Mainz.

Drinck, B. (2016). *Formen der Macht - Konsequenzen für Inividuen und Gesellschaft.* Abgerufen am 24. 10 2016 von http://www.totetu.org/assets/media/paper/ k024_132.pdf

Eibl-Eibesfeldt, I. (2004). *Die Biologie des menschlichen Verhaltens.* München: Piper Verlag.

Faust, V. (2016). *Macht und Machtmissbrauch aus psychologischer Sicht.* Abgerufen am 24. 10 2016 von http://www.psychosoziale- gesundheit.net/psychohygiene/pdf/faust3_macht.pdf

Galbraith, J. K. (1989). *Anatomie der Macht.* München: Wilhelm Heyne Verlag.

Han, B.-C. (2005). *Was ist Macht?* Stuttgart: RECLAM.

Haubl, R., & Daser, B. (2007). *Macht und Psyche in Organisationen.* Göttingen: Vandenhoeck & Ruprecht.

Herb, K. (2008). Machtfragen. Vier philosophische Antworten. *Die Politische Meinung*, S. 68 - 76.

Hürter, T., & Vasek, T. (06. 2014). Das Geheimnis der Macht. *Hohe Luft. Philosophie-Zeitschrift*, S. 24-29.

Iorio, M. (2008). *Macht und Metamacht.* Abgerufen am 20. 01 2017 von http://www.analyse-und-kritik.net/2008-2/AK_Iorio_2008.pdf

Luhmann, N. (2012 [1975]). *Macht.* München: UVK Verlagsgesellschaft.

Luhmann, N. (2013). *Macht im System.* Berlin: Suhrkamp.

Nassehi, A. (2011). Soziale Ungleichheit, Macht, Herrschaft. In *Soziologie. Zehn einführende Vorlesungen* (S. 163-180). Wiesbaden: Springer Fachmedien.

Popitz, H. (1968). *Prozesse der Machtbildung.* Tübingen: Mohr.

Popitz, H. (1992). *Phänomene der Macht.* Tübingen: Mohr Siebeck.

Roth, G. (2011). *Persönlichkeit, Entscheidung und Verhalten.* Stuttgart: Klett-Cotta.

Ruthener, C. (2005). *Macht-Spiele.* Abgerufen am 30. 08 2017 von http://bgdv.be/wordpress/wp-content/uploads/2017/04/gm60-61_ruthner.pdf

Saar, M. (2015). *Die vielen Gesichter der Macht.* Abgerufen am 20. 12 2016 von https://www.politik-kommunikation.de/ressorts/artikel/die-vielen-gesichter-der-macht-1014263026

Scholl, W. (2007). *Das Janusgesicht der Macht.* Abgerufen am 22. 05 2017 von https://www.psychologie.hu-berlin.de/de/prof/org/download/JanMachtScholl07

Scholl, W. (2012). *Der Umgang mit Macht und seine Folgen.* Abgerufen am 30. 08 2017 von https://www.daimler-benz-stiftung.de/cms/images/dbs-bilder/veranstaltungen/innovationsforum/Macht-und-Innovation-I.pdf

Schuck, H. (2012). *Macht und Herrschaft: Eine realistische Analyse.* Abgerufen am 30. 08 2017 von http://www.rote-ruhr-uni.com/cms/IMG/pdf/Elbe_Ellmers-Schuck.pdf

SPIEGEL. (12. 03 2001). Im Rausch der Macht. *DER SPIEGEL*, S. 96-106.

Voland, E., & Voland, R. (2014). *Die Evolution des Gewissens.* Stuttgart: Hirzel Verlag.

WIKIPEDIA. (2016). *Macht.* Abgerufen am 24. 10 2016 von https://de.wikipedia.org/wiki/Macht

WIRTSCHAFTSLEXIKON. (2016). *Macht.* Abgerufen am 24. 10 2016 von http://www.daswirtschaftslexikon.com/d/macht/macht.htm

Zelger, J. (1975). *Konzepte zur Messung der Macht.* Berlin: Dunker & Humblot.

Zimbardo, P. G. (1983). *Psychologie.* Berlin: Springer-Verlag.

Informationen über den Autor

Walter R. Kaiser

Dipl.-Wirtschafts-Ing. und Sachbuchautor. Er erläutert in Büchern oder Vorträgen auf verständliche Weise Ideen, Konzepte und Zusammenhänge. Kaiser war viele Jahre als Geschäftsführer in mittelständischen Unternehmen tätig und ist Mitglied im Beirat und Aufsichtsrat. Neben seiner Berufstätigkeit hat er über viele Jahre Lehrbeauftragter an Fachhochschulen.

Weitere Details über seine Publikationen und Vorträge sowie die Kontaktdaten findet man auf seiner Autoren-Homepage unter: *www.kaiser-forum.de*

Bücher vom gleichen Autor

Die Alpträume des Dr. Thilo Sarrazin
Fakten und Folgerungen aus und zu dem Buch *Deutschland schafft sich ab*
ISBN 978-3-8423-9525-1

Der Eurofrust des Dr. Thilo Sarrazin
Fakten und Folgerungen aus und zu dem Buch
Europa braucht den Euro nicht
ISBN 978-3-8448-9580-3

Die Schlange in uns
Warum und wie wir verführbar sind
ISBN 978-3-8448-7241-5

Entscheidend
Psychologie und Technik besserer Entscheidungen
ISBN 978-3-8482-2078-6

Single, Paar und Marktwirtschaft
Partnerwahl abseits romantischer Liebe
ISBN 978-3-8482-2942-0

Götter, Gelder und Gewinne
Der Kapitalismus als neue Religion
ISBN 978-3-7322-9784-5

Demut oder pure Macht
Benedikt von Nursia und Niccoló Machiavelli -
Zwei historische Führungsphilosophien
ISBN 978-3-7322-9348-3

Das Rotkäppchen-Syndrom
Vertrauen und Misstrauen
ISBN 978-3-7386-1163-2

www.ingramcontent.com/pod-product-compliance
Lightning Source LLC
Chambersburg PA
CBHW072336270726
48659CB00022B/1652